大家小书

五谷史话

万国鼎 著
徐定懿 编

北京出版集团公司
北京出版社

图书在版编目（CIP）数据

五谷史话 / 万国鼎著；徐定懿编. —— 北京：北京出版社，2020.3
（大家小书）
ISBN 978-7-200-13482-7

Ⅰ. ①五… Ⅱ. ①万… ②徐… Ⅲ. ①杂粮—经济史—研究—中国 Ⅳ. ① F326.11

中国版本图书馆 CIP 数据核字（2017）第 266349 号

总 策 划：安　东　高立志　　责任编辑：司徒剑萍　魏晋茹

· 大家小书 ·

五谷史话
WUGU SHIHUA
万国鼎　著　徐定懿　编

出　　　版	北京出版集团公司 北京出版社
地　　　址	北京北三环中路 6 号
邮　　　编	100120
网　　　址	www.bph.com.cn
总 发 行	北京出版集团公司
印　　　刷	北京华联印刷有限公司
经　　　销	新华书店
开　　　本	880 毫米 ×1230 毫米　1/32
印　　　张	8.75
字　　　数	137 千字
版　　　次	2020 年 3 月第 1 版
印　　　次	2023 年 2 月第 4 次印刷
书　　　号	ISBN 978-7-200-13482-7
定　　　价	49.00 元

如有印装质量问题，由本社负责调换
质量监督电话　010-58572393

总　序

袁行霈

"大家小书",是一个很俏皮的名称。此所谓"大家",包括两方面的含义:一、书的作者是大家;二、书是写给大家看的,是大家的读物。所谓"小书"者,只是就其篇幅而言,篇幅显得小一些罢了。若论学术性则不但不轻,有些倒是相当重。其实,篇幅大小也是相对的,一部书十万字,在今天的印刷条件下,似乎算小书,若在老子、孔子的时代,又何尝就小呢?

编辑这套丛书,有一个用意就是节省读者的时间,让读者在较短的时间内获得较多的知识。在信息爆炸的时代,人们要学的东西太多了。补习,遂成为经常的需要。如果不善于补习,东抓一把,西抓一把,今天补这,明天补那,效果未必很好。如果把读书当成吃补药,还会失去读书时应有的那份从容和快乐。这套丛书每本的篇幅都小,读者即使细细地阅读慢慢地体味，也花不了多少时间，可以充分享受读书的乐趣。如果把它们当成补药来吃也行，剂量小，吃起来方便，消化起来也容易。

我们还有一个用意，就是想做一点文化积累的工作。把那些经过时间考验的、读者认同的著作，搜集到一起印刷出版，使之不至于泯没。有些书曾经畅销一时，但现在已经不容易得到；有些书当时或许没有引起很多人注意，但时间证明它们价值不菲。这两类书都需要挖掘出来，让它们重现光芒。科技类的图书偏重实用，一过时就不会有太多读者了，除了研究科技史的人还要用到之外。人文科学则不然，有许多书是常读常新的。然而，这套丛书也不都是旧书的重版，我们也想请一些著名的学者新写一些学术性和普及性兼备的小书，以满足读者日益增长的需求。

"大家小书"的开本不大，读者可以揣进衣兜里，随时随地掏出来读上几页。在路边等人的时候，在排队买戏票的时候，在车上、在公园里，都可以读。这样的读者多了，会为社会增添一些文化的色彩和学习的气氛，岂不是一件好事吗？

"大家小书"出版在即，出版社同志命我撰序说明原委。既然这套丛书标示书之小，序言当然也应以短小为宜。该说的都说了，就此搁笔吧。

导　　读

王思明　　徐定懿

万国鼎先生是我国著名农史学家，中国农史学科的主要创始人。他创建了中国第一个农史专门研究机构，创办了中国第一份农史学术刊物，开设了最早的农业史课程，也发表和出版了一系列农史论文和著作，对农史学科的发展产生了广泛而深远的影响。

"国以民为本，民以食为天。"农业是中华文明的根基，对国计民生的发展有着根本性和基础性的影响。要理解中华文明的真谛就不能脱离对农业发展的考察。有鉴于此，自20世纪20年代，万国鼎先生就开始系统搜集、整理中国古代农业历史资料，着手编辑《先农集成》。他全身心投入农史研究，辛勤耕耘，取得了丰硕的成果，不少已成为中国农史研究的经典。

万国鼎先生不仅致力于学术探索，也非常关心农业历史文化的科学普及工作。为了让社会上大众了解祖国优秀农业遗产的状况，他专门撰写了两本通俗读物《五谷史话》和《王祯农书》。这两本书均被编入中华书局出版的《中国历史小丛书》。《中国历史小丛书》是由著名历史学家吴晗同志创议、主编的我国第一套大型普及性历史知识读物，体现了"专家写小册子"的特色，具有广泛的社会影响，万先生的这两本小册子为弘扬和传承中国优秀农业遗产起了很好的宣传作用。本次再版的《五谷史话》就是在60年代出版的《五谷史话》基础上增录万先生于五六十年代发表的部分相关文章及未刊发的手稿而成。具体新增内容如下：

《中国种稻小史》《中国种麦小史》《中国种谷子小史》《中国种甘薯小史》都是根据万国鼎先生手稿首次刊印，对于《五谷史话》原书内容是很好的补充，同时因为是手稿文献，也极其珍贵。

《中国种玉米小史》原载于《作物学报》第1卷第2期，1962年5月；《花生史话》原载于《中国农报》1962年6月第6期。

《中国古今粮食作物的变化及其影响》原载于《万国鼎文集》，中国农业科学技术出版社，2005年10月。文章以时间为序翔实论述了中国古今粮食作物的变化及其影响，可以说是《五谷史话》原书的扩展和延伸。

《对"谷子即稷"的商榷》原载于《中国农报》1962年7月第7期,作者是胡锡文,文章是针对万国鼎先生于1962年4月12日在《大公报》上发表的《谷子》一文中的观点"谷子称为禾或稷"这一提法的探讨。在同期《中国农报》上,万国鼎先生发表了《申论稷是谷子》一文,对胡锡文先生的质疑进行了回应。通过两位先生的论辩,我们也对古代五谷之长的"谷子"其前世今生有更深入的了解。

《〈陈旉农书〉评介》原载于《图书馆》1963年第1期,本文中有南方水稻区域栽培技术进步的论述,与五谷中的水稻有密切关联,且《陈旉农书》本身在农学史上就具有重要地位,故而收入。

《区田法的研究》原载于《农业遗产研究集刊》第一册,中华书局,1958年4月。区田法是我国古代针对粟和小麦的重要农田丰产技术,对于五谷丰产有重要意义,因此也收录在《五谷史话》之中。

《五谷史话》所收文章多为万国鼎先生20世纪五六十年代所作,然而,不幸的是,就在万先生精力旺盛,各项研究工作正有条不紊蓬勃开展之际,万先生因病遽然离世(1963年11月15日,享年66岁),个人留下诸多遗憾,也是中国农史的重大损失。然而，大师虽逝，风范永存。他所倡导的农史事业，后继有人，不断发展；他所留下的宝贵遗产仍然是后学们的学术标杆和思想源泉。出版这部《五谷史话》，既是对学术先哲的告慰，也不失为对后来学子的一种激励。

目 录

- 001 / 五谷史话
- 037 / 中国种稻小史
- 052 / 中国种麦小史
- 067 / 中国种谷子小史
- 073 / 中国种甘薯小史
- 085 / 中国种玉米小史
- 096 / 中国古今粮食作物的变化及其影响
- 128 / 申论稷是谷子
  ——并答胡锡文先生
- 140 / 花生史话
- 143 / 《陈旉农书》评介
- 167 / 区田法的研究

五谷史话

一、五谷是什么

"谷"是"穀"的简体字,原来是指有壳的粮食;像稻、稷(谷子)、黍(亦称黄米)等外面都有一层壳,所以叫作穀。穀字的音,就是从壳的音来的。

"五谷"这一名词的最早记录,见于《论语》。根据《论语》的记载,两千四百多年以前,孔子带着学生出门远行,子路掉队在后面,遇见一位用杖挑着竹筐的老农,问他:"你看见夫子了吗?"老农说:"四肢不劳动,五谷分不清,谁是夫子?"

亲爱的读者,你分得清五谷吗?

五谷的意思是指五种谷。比《论语》更古的书如《诗经》《书经》等里面,只有"百谷",没有说"五谷"的。从百谷到五谷,是不是粮食作物的种类减少了呢?不是的。当初,人们往往把一种作物的几种不同品种一个个起一个专名,这样列举起来就多了。而且"百"字在这里不过是用来指多的意思,也并不是真有一百种。"五谷"这一名词的出现,标志着人们已经有了比较清楚的分类概念,同时反映当时的主要粮食作物有五种。

五谷这一名词在当初创造的时候,究竟指的是什么,没有留下记载。我们现在能够看到的最早的解释,是汉朝人写的。汉人和汉以后人的解释主要有两种:一种说法是稻、黍、稷、麦、菽(大豆);另一种说法是麻(指大麻)、黍、稷、麦、菽。这两种说法的差别,只是一种有稻而没有麻,另一种有麻而没有稻。麻子虽然可以供食用,但是主要是用它的纤维来织布。谷指的是粮食,前一种说法没有把麻包括在五谷里面,比较合理。但是从另一方面来说,当时的经济文化中心在北方,稻是南方作物,北方栽培得有限,所以五谷中有麻而没有稻,也有可能。《史记·天官书》"凡候岁美恶"(预测年岁丰歉)下面所说的作物,就是麦、稷、黍、菽、麻五种,属于后一种说法。大概因为这些原因,所以汉人和汉以后的人对五谷就有两种不同的解释。

把这两种说法结合起来看,共有稻、黍、稷、麦、菽、麻六种主要作物。战国时代的名著《吕氏春秋》(前3世纪)里有四篇专门谈论农业的文章,其中《审时》篇谈论栽种禾、黍、稻、麻、菽、麦的得时失时的利弊。禾就是稷。这六种作物和上面所说的六种完全相同。《吕氏春秋·十二纪》中说到的作物，也是这六种。

很明显，稻、黍、稷、麦、菽、麻就是当时的主要作物。所谓五谷，就是指这些作物，或者指这六种作物中的五种。但随着社会经济和农业生产的发展，五谷的概念在不断演变着，现在所谓五谷，实际只是粮食作物的总名称，或者泛指粮食作物罢了。

二、五谷的起源

上面所说的六种作物，我国在遥远的古代就已经栽培了。

当人类还没有栽培作物的时候，依靠渔猎和采集野生植物的块根、嫩茎叶、种子、果实等生活。他们贮藏一些食物，以备采集不到的时候吃，干燥的禾本科谷粒最容易保存。抛撒在住所附近的谷粒发出了幼芽，长出了他们需要的植物。人们逐渐地观察到这些植物怎样生长起来，久而久之，就自己动手来播种。这样就创始了农业。

我国农业起源于新石器时代（距今约有八九千年，这时人们已能制作较为精致的石头工具），当初栽培的作物，就是这些五谷。

谷子

稷（谷子）本是我国原产。常见的狗尾草是它的野生种，我国到处都有。山西万泉县（今属运城市）荆村、陕西西安半坡村、河南陕县庙底沟等新石器时代遗址中先后发现了距今六七千年的粟粒和粟壳，说明我国在开始农耕时就栽培谷子。

黍

黍也是原产于我国。1931年，在山西万泉县荆村新石器时代遗址中就发现了黍穗和黍壳，距今已有六七千年，说明黍也是在我国原始农业时代就已栽培的作物。

麦是大麦、小麦的总称，但也往往把小麦简称为麦。关于大麦和小麦的原产地，有多种说法。我国最古的文献里只是通称为麦，后来出现大麦这一名词，直到西汉后期《氾胜之书》里才有小麦这一名词。因此，有些日本学者认为中国西汉前期及其以前古书里的麦完全是指大麦，张骞通西域（前2世纪）后才从西方传入小麦。这种说法是不正确的。1955年在安徽亳县钓鱼台的西周遗址中就发现了很多的小麦种粒，这就有力地证明了我国在很早以前就已经栽培小麦了。

稻也是我国原产，广东、广西、云南、台湾等地均有稻的野生种。最近在浙江余姚河姆渡新石器时代遗址中发掘出相当数量的稻粒和稻草，距今大约七千年。另外，早于河姆渡发掘的，有江苏无锡锡山公园、吴县草鞋山，浙江杭州水田畈、吴兴钱山漾，安徽肥东大陈墩，湖北京山屈家岭、天门石家河、武昌洪山放鹰台，江西清江营盘里，福建福清东张，广东曲江石峡马坝，以及河南洛阳西高崖等三十多处新石器时代遗址中发现了稻谷（或米）、稻壳、稻草等，品种有籼有粳，地区分布很广。说明我国在长江以南的广大地区，远在四五千年到六七千年以前,就已发展到普遍种植水稻的阶段,而且在北方也已有稻的种植。

稻

大豆本是我国特产,野生大豆在我国南北方都有分布。现在世界各国栽培的大豆都是从我国直接或间接传去的。俄、英、德、法等西文中的大豆名词,都是菽字的音译。大豆在地下不易保存,现在虽然还没有同粟、稻等同样早的地下大豆出土,但是可以肯定新石器时代已有栽培①。

我国古代所谓麻,一般是指大麻。大麻是新石器时代的重要纤维作物兼食用作物。新石器时代的陶器上有麻布的编织

---

① 黑龙江宁安县大牡丹屯遗址出土有炭化的大豆,虽然它的年代较晚(距今两千多年),但它所处的发展阶段,仍属新石器时代。

纹，而且有纺锤、纺轮、骨针和梭等出土。郑州大河村出土的种子，最像大麻子，距今约六七千年。在南方，浙江吴兴县钱山漾出土的麻织物，经鉴定是苎麻布，距今约四五千年。这说明麻纤维已经广泛地被我们的祖先所利用，在新石器时代，北方已经栽培大麻，南方也可能已栽培苎麻。

三、古代五谷相互间的比重

在上面所说的六种作物中，最重要的是谷子。

在我国商代的文字甲骨文里，谷子称为禾（禾），像谷子抽穗时的植株形；也称为稷，这就是稷的原始字形。甲骨文的年字，写作秊，在禾字下面多了一些须根，像谷子连根拔起的形状。连根拔起表示收获，用禾的一次收获代表一年，这表明谷子是商代的首要作物。

周代拿稷来代表谷神，和社神（土神）合称社稷，并且用社稷作为国家的代名词。农官也称为后稷，而且周族自己说他们的始祖弃曾做过后稷，甚至直接称他们的始祖为后稷。春秋时代，鲁国禾麦受灾，就感到粮食恐慌，向齐国求助。在《吕氏春秋·十二纪》中，谈到其他重要作物收获的时候，说"尝麦""尝黍""尝稻""尝麻"，唯独不说"尝谷"而说"尝新",含有新谷接旧谷的意思。这些现象也说明谷子是周代的首要作物,特别是"尝新"的说法,反映谷子在当时全国粮食供应上是起决定性作用的。

禾原是谷子的专名,到了人们需要表示概括的概念时,由于谷子是当时的首要作物,就用"禾"来概括其他粮食作物,如黍、稻等,于是逐渐由专名演变为共名。粟原指谷子的籽粒,也因为同样的原因,用作粮食的通称。另一方面,谷原是各种谷类的总名,战国末年已经有用谷子作为粟的专名的,至今北方仍称粟为谷子。这种现象的发生,只有因为谷子是当时占绝对优势的首要粮食作物,才能由专名转化为共名;反过来,用作共名时,说到粟或谷,主要又是指当地的首要粮食作物谷子的籽粒。在古代北方,黍和麦虽然也很重要,但是比不上谷子所占的绝对优势。

在古代的农书里,《吕氏春秋·审时》所说六种作物,禾排在第一位。在《氾胜之书》中,禾最重要。在《齐民要术》(6世纪)中,谷也排在最先,而且《种谷》篇讲得最详尽,篇幅也最多。

所有这一切,明显地说明,从远古到南北朝,谷子在我国栽培的作物中一直占着首要地位。

黍在甲骨文中出现的次数特别多,而且商代的统治阶级饮酒是有名的，出土的酒器也很多，酒用黍酿造，可见黍在商代极为重要。《诗经》中时常黍稷连称，也反映黍的重要性。不过《诗经》中说到黍的地区，都在黄土高原的陕西和山西，只有一处是例外。显然可以看出黍的种植偏于较北的高寒地区（黍的生长期较短，适于高寒地区，现在仍是西北、东北北部和内蒙古栽培较多，黄河以南就极少）。黍的单位面积产量不及谷子，作为日常饭食，也不如小米好吃。黄河中下游的广大地区，生长季节较长，种黍就不如种谷子了。总之，黍在古代虽然曾经是重要作物，或者在某些地区非常重要，但就全国来说，它的重要性一直远不如谷子。战国时代的书里面，已经看不到黍稷连称，而是常常菽粟连称了。这就反映出黍的重要性在春秋战国时期又比以前下降了。

麦和黍相反，在甲骨文和《诗经》里，麦出现的次数远比黍少。春秋以后，麦的重要性已渐渐地超过黍。《春秋》这部书里已记载了禾和麦的灾，而没有提到黍的灾。《吕氏春秋·十二纪》中，强调劝民种麦，到时不种要治罪。汉武帝时也曾劝种冬麦。《氾胜之书》特别重视麦，而且说明当时麦的栽培技术水平已经相当高了，对黍则谈得很有限。麦有两种吃法：麦饭和面食。麦饭在汉代有些地区是一种常吃的食物。古代把各种面食通称为饼，按照当时的解释，麦粉叫作面，用水和面叫作饼。战国初年的书里已经有做饼的记载。秦代有卖饼的小商人。大概从战国到汉代,在北方,麦的栽培已相当普遍,和谷子或大豆轮栽;在粮食中间,它的重要性次于谷子而和大豆不相上下,或者还超过大豆。

大豆在《诗经》里出现的次数,不及黍和麦,而多于麻和稻。上面所说战国时代的书里常常菽粟连称,而不见黍稷连称,也说明大豆的重要性在增加。从这一时期的文献里,可以看出菽和粟是人们的主要粮食,豆饭和豆叶汤尤其是一般穷人经常吃的东西。在河南西部,大豆甚至成为主粮。《氾胜之书》里说:大豆保证有收获,容易种植。氾氏主张农家应当每人种五亩大豆,以防荒年。汉代文献里有指出麦和谷子或大豆轮栽的,可能大豆的播种面积确实不小。大概在战国到汉代这一段时期里,大豆在粮食上的重要性远远超过了后世。

大麻子在古代是供食用的,所以当时的人们才把它作为五谷之一,到南北朝时期还有吃麻粥的。但是麻在谷类中最不重要,重要的是它的纤维。古代以丝麻或桑麻并称,那时中原没有棉花,苎麻的生产只限于南方,北方的布几乎全是用大麻织成的。《氾胜之书》有种枲(xǐ)法(枲即大麻的雄株);《齐民要术·种麻》篇,都是专对栽培纤维用的大麻说的。

稻在南方,很早就是首要作物。《史记·货殖列传》里说:长江中下游的人们"吃的是大米饭,喝的是鱼汤"。可见这里自古以来是鱼米之乡。稻在北方也很受重视,一向稻粱并称,粱是好粟,人们把稻米看作珍贵的粮食。周代的文献反映出,陕西、山西、河南、山东等省都有稻的栽培,而且西周时关中已用水灌溉稻田。西汉时长安郊外一定有大片的稻田,因为据历史记载,汉武帝初做皇帝时,正在青年,夜里时常偷偷地带着人马出去打猎,把稻田踏坏了。西汉后期氾胜之在关中做农官,在他的农学名著《氾胜之书》里谈到用控制水流的办法来调节稻田的水温,可见两千年前北方水稻的栽培技术也已经达到相当高的水平。西汉末贾让的《治河策》指出,灌溉放淤可以改良盐碱地,把原来种谷子和麦的地改种水稻,可以提高单位面积产量五倍到十倍。西汉兴修了很多水利灌溉工程,很可能稻田也跟着有所发展。继西汉之后,东汉到晋朝初年,对于稻的栽培更加重视。据历史文献记载,西起甘肃,东到山东,以及河南、江苏、安徽的淮北淮南部分,自战国以来就有不少地区兴修水利,增广稻田,到两晋又有发展。其中尤其突出的是曹魏屯田[①]，曾经大力发展水稻。但是话说回来，这些种稻地区，在整个北方的广大田野上，不过是很小的部分。稻在南方虽是首要作物，但是，我国古代经济文化中心在黄河流域，南方比较落后，人口也少，所以就当时全国粮食生产情况来说，稻的总产量远不及谷子，至少在西汉以前还赶不上麦和大豆。

四、古今粮食种类及其比重的变化

我们现在还往往通称粮食为五谷，但是我国现在栽培的粮食作物种类及其相互间的比重，已经和古代大不相同了。

根据1979年的统计，我国稻谷、小麦、薯类、杂粮和大豆的产量，它们在这五类作物总产量中所占的比重，稻谷占总产量的43.3%，小麦占18.9%，薯类占8.6%，杂粮占26.6%，大豆占2.2%[②]。薯类主要是甘薯。杂粮以玉米的产量居首位，其次

---

① 屯田，是汉末三国时曹操在魏国推行的一种制度，由政府招募没有土地或没有耕牛的农民，在各级农官的统率下耕种无主荒田。租税是按官六民四或官民各半的比例缴纳的（根据用官家的牛或自有的牛来分别规定）。当时由于实施了这一制度，大批流亡的农民重新安顿下来，有利于生产的恢复和发展。

② 五类作物产量不包括上海等四省市社员自留地的产量。

是高粱、谷子，再次是大麦、黍等。

谷子在古代很长一段时期内是最重要的粮食作物，现在已退居很次要的地位。黍在古代也曾相当重要，现在更在谷子之下。就全国来说，谷子和黍现在都已不是主要粮食作物了。小麦的重要性，在上古远在谷子之下，现在倒远在谷子之上，仅次于稻谷，而高居第二位。变化最突出的是稻谷。稻在先秦的重要性远不及谷子，现在已高居第一位，它的总产量比小麦和薯类的总和还多60.4%。这是一种非常巨大的变化。这一点，我们在后面还要讲。

上面稻谷、小麦、薯类、杂粮和大豆五类作物的比重，历年是有变动的，例如稻谷，1977年的比重占五类总产量的45.2%，1952年最低，占41.8%；小麦1979年占18.9%，1952年最低，占11.1%。但五类作物的比重无论怎样变动，有的增高些，有的减低些，都没有改变稻谷第一、小麦基本上第二这个粮食作物构成的局面。稻谷和小麦实在是我国最主要的粮食作物。

但是这里必须指出，现在全国的人口和粮食总产量比古代多得多了，谷物的播种面积大大地扩大了，单位面积产量提高了。因此，谷子在全国粮食中的比重虽然已退居下位，但是从总产量的绝对数字来讲，可能比它在古代占着首位时的总产量还要多些。

大豆现在除了作为副食品外，已不再用来做饭吃了。但是它作为食油和工业原料，却日益重要。不但国内有迫切需要，而且还成为我国主要出口商品之一。大麻子在古代是供食用的，也是重要的油料作物，现在早已不作食用，退居很次要的地位。前面说过，古代北方的布几乎完全是大麻织品。自从棉花在宋末从福建、广东推广到长江流域，元代又向北发展，到了明代，黄河流域也成为重要产棉区，这时，麻布基本上为棉布所代替，大麻作为织布原料也不很重要了。

五、水稻发展的历史

稻的发展，是和南方经济的发展分不开的。

前面说过，我国古代的经济文化中心在黄河流域，南方比较落后。《尚书·禹贡》把南方的土地排在最末等。《史记·货殖列传》说：江南低湿，男子的寿命不长。《汉书·景十三王传》说：长沙是低湿的穷地方。从汉平帝元始二年（2年）的人口统计来看，华北大平原及关中是当时人口最密的地方，江南人口很稀。例如豫州（今河南省的一部分）的面积大约只占全国的2%，而人口倒有755万多人，占全国总人口的

13%以上，一共设了108个县；豫章郡（今江西全省）面积比豫州大一倍，但是只有35万多人，18个县。这就极其明显地反映出当时长江以南的经济情况，远不及黄河流域。那时各地区人口的多少，是和当地的粮食产量有密切关系的。所以尽管稻是南方的主要作物，但是总产量远不及北方主要作物谷子的总产量多。

东汉时，南方的人口逐渐增加，东汉末年，由于连年的战争，黄河流域的社会经济遭受到很大的破坏，中原人民大量逃入长江流域。西晋覆灭后，北方相当长时期内局面混乱，以后又有更多的中原人民向南迁移。这些南来的移民，不但增加了南方的人力，同时带来了北方各地区较高的生产技术，这对于长江中下游经济文化的发展是一个很有利的条件。

但是南方的自然环境及其相应的作物栽培方法和北方有许多区别。稻对生长条件和栽培技术的要求较高。首先，水稻需要田面有适量的水，南方虽然雨量比较多，还是需要讲求水利，以便灌溉。由于南方多丘陵地，斜坡不能蓄水；又有不少低洼地，容易被水淹没，这就给南方的土地利用带来了一定的困难。所以尽管春秋战国到秦汉的长时期内，黄河流域的经济文化那样发达，而南方还是地广人稀，经济文化的发展比不上中原地区。

南方广大地区的劳动人民，在长期的生产实践斗争中，逐渐懂得了怎样改良土地，不断地兴修水利，平整田面，在坡地做起梯田（开始于汉代），在洼地做起圩田（最迟也开始于晋代）。因为这些工程十分艰巨，起初不会做得很好，收效不大，所以进展很慢。但是勤劳勇敢的劳动人民，并没有在困难面前停止不前，经过祖祖辈辈的劳动创造，积累经验，终于改变了南方农田的面貌，使它适合于水稻的栽培。同时，水稻的栽培技术也在不断改进，例如采用移栽秧苗的办法（2世纪时），用苕（tiáo）子做水稻田的绿肥（3世纪时），运用烤田技术（6世纪时，这些都是就最早的记载说的），等等，都达到较高的技术水平。水稻的种植面积大大地扩大了，单位面积产量也随着耕作技术的进步而得到了提高。加上水稻本是高产作物，因此粮食的产量跟着增加得较快。这样就逐步加速了南方经济的发展和人口的增长。到了隋唐统一全国以后，南方的经济更加发展。唐朝的社会经济文化的高度发展，就是和南北广大地区雄厚的农业基础分不开的。

但是在唐朝前期，全国的经济重心仍然在北方。天宝元年（742年）的人口统计，北方五道[①]共有3042万多人，南方五

---

① 唐代的道、宋代的路，都是行政区域的名称，类似现在的省。

道只有2036万多人，大约是三与二之比，北方的人口仍然多于南方。唐代安史之乱以后，直到五代十国，北方因长期战争，农业生产遭到严重的破坏，南方则比较安定。中唐以后的水利建设，也偏重在南方，当时太湖流域已开始出现有规则的河网化。五代时，吴越国在太湖流域兴修水利，尤其有突出的成绩。因此，中唐以后，全国经济重心已有向南方推移的迹象，到北宋时，全国经济重心就肯定地移转到南方了。唐朝把全国分为十道，南北各五道。宋朝把全国分为十八路，北方五路，南方十三路，这就明显地反映出南方的经济繁荣超过北方。北宋元丰三年（1080年）的人口统计，北方有956万多人，南方有2368万多人，大约是二与五之比，北方的人口还不及南方的一半。人口的增加，不但增加了从事生产的劳动力，同时也是当地生产发展的结果。在南方的农业生产中，水稻的大量增产起着主导作用。我们现在虽然没有唐宋时代的粮食统计，但是可以肯定地说，至迟到北宋时，稻的总产量已经上升到全国粮食作物的第一位。

金末元初，北方的社会经济又受到极其惨重的破坏，更进一步地加强了南方经济的优势。明朝初年，北方的经济逐步恢复，但南方又向前发展。清代也继续着这一趋势。宋代就有"苏常熟，天下足"和"苏湖熟，天下足"的谚语；明代又有"湖广熟,天下足"的说法。明代宋应星在他著的《天工开物》(1637年)一书中说:"现在全国的粮食,稻占十分之七,大小麦、谷子、黍等共占十分之三。"这一个估计,对水稻的比重来说虽然有些偏高,但是从这里也可以看出,当时稻已高居粮食作物的首位了。

鸦片战争以后一百多年中,我国处在半殖民地半封建社会,由于帝国主义的侵略和封建主义、官僚资本主义的压迫与剥削,以致水利失修,灾荒连年,稻的栽培受到阻碍与破坏,虽然它的比重仍居粮食作物的主导地位,但产量很少。新中国成立以后,农业生产很快地得到了恢复和发展,1951年稻的产量已经超过1949年前的最高年产量。以后又逐年增加,到1979年,已比1949年增加了2.95倍。这种飞跃的发展,完全是党的正确领导、广大农民群众充分发挥生产积极性和农业科技工作者辛勤劳动的结果,同时也是充分发展和提高祖国农业精耕细作的优良传统的结果。

由于水利建设的普遍兴建,双季稻的推广,近年杂交水稻的育成和推广,以及单位面积产量的大幅度提高,我国稻的产量正在迅速持续地增长。

六、小麦发展的历史

南方原先很少种麦,汉以后才逐渐向南推广。《晋书·五行志》说:"元帝大兴二年(319年),吴郡(今江苏)、吴兴(今浙江湖州)、东阳(今浙江东阳)无麦禾(这里的禾是指稻说的),大饥。"可见4世纪初,麦在江浙一带已经取得了一定的地位。在此以后,又陆续得到推广,主要是出于农民自己的传播,有时王朝政府或地方官也曾督促推广。南宋初年,北方人大批地迁移到长江中下游和福建、广东等省。北方人习惯于吃麦,麦的需要量突然增加,因而麦价大涨,刺激了麦的生产。因此,麦的栽培迅速扩大开来。南宋庄绰在他写的《鸡肋编》(12世纪前期)中说:"此时一眼看去,连片的麦田,已经不亚于淮北。"这就是说,已经不亚于北方了。

麦和稻的生长季节不同,只要安排得好,就可以在秋季收稻以后种麦,夏季收麦以后插秧,同一块田一年可以两熟。麦的推广并不妨碍稻的栽培面积。大概南方种麦后,很早就摸索出一套稻麦两熟制的经验。北宋朱长文的《吴郡图经续记》(1084年)就说:"吴中土地肥沃,物产丰富,割麦后种稻，一年两熟，稻有早晚。"后来南宋《陈旉农书》（1149年）和《王祯农书》（1313年）所说的也是稻麦两熟制。而且根据《王祯农书》的记载，南方对于种麦，已有相当技术水平，单位面积产量也比较高，并不比北方差。

小麦不但向南方推广，同时北方也在发展。元以前就有这样的农谚："收麦如救火。"在生产工具方面，唐代已使用麦钐（shàn，一种长形的镰刀），到元朝初年，又有了新的改进，创造了用麦笼、麦钐、麦绰（一种竹篾编成的抄麦器，形状像簸箕而稍大，它的一边装有钐刃，当挥刃割麦穗时，麦穗自然落到绰里）结合成为一整套的快速收麦器。它的使用方法是这样的：麦笼安装在下面有四个小轮的木架子上，用绳系在腰部拖着走。割麦人用钐割麦穗，麦穗跟着落向绰里去，随手把绰里的麦往后倒到笼里，笼装满了以后就拉到打麦场上。据《王祯农书》的记载："一天可以收割十亩，比南方用镰刀割，要快十倍。"如果不是种麦很多，是不会创造出这种快速收麦器的。

因此，我们可以这样推断，到了南宋，全国小麦总产量可能已经接近谷子，或者超过谷子而居粮食作物的第二位。

据明宋应星《天工开物》的估计来推算，当时小麦约占全国粮食总产量的15％。这虽是一个粗略的估算，但已可以明白地看出，小麦在明代粮食作物中仅次于稻而居第二位。

从历史上看，我国小麦栽培也是不断发展的。1949年后发展更快，发展速度超过其他各种粮食作物。拿1979年的总产量和1949年的比较，1979年是1949年的4.54倍。

七、玉米的传入和推广

玉米原来叫玉蜀黍，各地俗名很多，有番麦、玉麦、玉黍、苞谷、苞芦、棒子、珍珠米等名称；还有叫作六谷（也写作稑谷或鹿谷）的，意思是说五谷之外的又一种谷。

玉米

玉米原产美洲。有人根据元贾铭的《饮食须知》（1367年前后）中谈到玉蜀黍，而且元代尚食局（元朝宫廷里一个管理皇帝膳食的专门机构）有御麦面，以为我国元代已有玉米。这种说法未必正确。所谓御麦面，不过是专制皇帝御用的上好麦面。《饮食须知》中谈到玉蜀黍的部分很可能是后人加入的，恐不可靠。玉米很早就是美洲本地人的主要粮食作物，有很多关于玉米的故事，还在地下发掘出远古玉米的籽粒，以及用大量黄金、陶土和玉米穗做成的玉米神像。而在其他各国的历史上，直到15世纪，没有一个国家有有关玉米的记载或任何迹象。所以可以这样说，玉米是在1492年哥伦布发现美洲以后，才传到其他大陆各国的。

玉米怎样传入中国，西方的学者有不同的推测。有人认为玉米是由阿拉伯人从西班牙带到麦加，由麦加传到中亚细亚而入中国西北部，或者从麦加传到印度而入中国西南部，然后从西北部或西南部向东传播到各省。这种推测还要做进一步的研究。他们引用的较早的中国文献，一般限于明李时珍的《本草纲目》（1578年），有的也只是引用到田艺蘅的《留青日札》（1573年）。实际上我国各省府县志中保存着丰富的有关玉米的记载。

根据各省通志和府县志的记载，玉米最早传到我国的广西，时间是1531年，距离哥伦布发现美洲不到四十年。到明代末年，它已经传播到河北、山东、河南、陕西、甘肃、江苏、安徽、广东、广西、云南等十省。还有浙江、福建两省，虽然明代方志中没有记载，但有其他文献证明在明代已经栽培玉米。清初五十多年间，到17世纪末（即康熙三十九年）为止，方志中记载玉米的比明代多了辽宁、山西、江西、湖南、湖北、四川六省。1701年以后，记载玉米的方志更多，到1718年为止，又增加了台湾、贵州两省。单就有记载的来说，从1531年到1718年的不到二百年的时期内，玉米在我国已经传遍二十省。

让我们把各省最早的文献记载，按照年代先后来观察一下：广西1531年，河南1544年，江苏1559年，甘肃1560年，云南1563年，浙江1573年，福建1577年，广东1579年，山东1590年，陕西1597年，河北1622年，湖北1669年，山西1672年，江西1673年，辽宁1682年，湖南1684年，四川1686年，台湾1717年，贵州1718年。上述年代次序，并不能代表实际引种的先后，因为方志和其他文献记载，常有漏载和晚载的。但是有一点值得注意，广西的记载早于甘肃或云南三十年左右，早于陕西六十多年，早于四川一个半世纪以上，早于贵州差不多两个世纪，另外，江苏也早于甘肃和云南，浙江、福建、广东都早于陕西、四川、贵州二十来年以至一个世纪以上，这就很难想象玉米是先由陆路传到我国西南部或西北部，然后再向东传播的。另一方面，葡萄牙人于1496年就到爪哇，1516年就来到中国,同时中国人那时侨居南洋群岛的已不少,玉米由海路先传入我国沿海和近海各省是很可能的。

玉米和甘薯都是源出美洲,传入我国后一二百年都已成为我国重要的粮食作物,但是它们在传播过程中有一种显然不同的现象。关于甘薯的传播,流传着许多动人的故事,而关于玉米的就没有。甘薯一开始就吸引著名的农学家徐光启的特别注意,大力鼓吹,在他的《农政全书》里详细地论述了栽培甘薯的方法;而对于玉米,仅仅在高粱条下附注说"盖亦从他方得种",一点也没有谈到栽培方法和它的重要性。方志中关于玉米的记载虽然多,一般都很简单,大都只是提到了物产中有玉米,或者记叙了一些玉米的异名、性状等,关于推广情况及其重要性的记述也只有少数几条。总之,玉米没有受到知识分子对甘薯那样的重视。尽管如此,玉米却在默默无闻中早就传入中国,比甘薯早了半个世纪,而且玉米在明末已推广到十二省,而甘薯只有四省。

这个现象反映一个很重要的事实:新作物的引种和推广,主要依靠广大农民群众的试种和扩大生产。勤劳而敏慧的农民大众,一旦看到玉米是一种适合于旱田和山地的高产作物,就很快地吸收利用。例如安徽《霍山县志》(乾隆四十一年,1776年)中记载,四十年前,人们只在菜圃里偶然种一两株,给儿童吃,现在已经延山蔓谷,西南二百里内都靠它做全年的粮食了。又如河北《遵化县志》(光绪十二年,1886年)记载,嘉庆年间(1796—1820年)有人从山西带了几粒玉米种子来到遵化,开始也只是种在菜园里,可到了光绪年间(1875—1908年)就成为全县普遍栽培的大田作物了。可见发展的迅速。我国本来有精耕细作的优良传统,农业技术已有相当高的水平,所以引种以后能够结合作物特性和当地条件,很快地掌握并提高栽培技术,并且培育出适合于当地的许多品种,创造出多种多样的食用方法。玉米的迅速发展,是在18世纪下半叶以后。现在全国各省区都有栽培,产量远远超过谷子,往往仅次于稻谷、小麦,而居粮食作物的第三位。

八、甘薯的引种和推广

谷类一般是指禾本科的粮食作物,如稻、麦、谷子、黍、玉米和高粱等。五谷中的豆和麻,虽不是禾本科,也还是用它的籽粒当粮食。甘薯的食用部分是肥大的块根,这一点和谷类决然不同。但甘薯已是现在我国主要粮食之一,谈五谷时不能不谈到它。

甘薯

甘薯原来写作番藷。原产美洲中部墨西哥、哥伦比亚一带,哥伦布发现新大陆后,才传播到其他各国。所以最初传入中国时称为番薯。后来不知哪一个或哪些人开始称它为甘藷,因而和东汉杨孚《异物志》和《南方草木状》(旧说西晋嵇含撰,疑为后人伪托)所说的甘藷混淆起来了;其实那是山药一类的东西,不是我们现在所说的甘薯。现在所说的甘薯是专指番薯说的,又有红薯、红苕、山芋、地瓜等名称。

甘薯传入我国,据现在所知,最早是广东东莞县人陈益带来的。《陈氏族谱》记载,陈益于明万历八年(1580年)去安南,万历十年(1582年)夏设法带着薯种回东莞,在家乡试种成功。以后很快向各地传播。

万历初年,福建长乐县人陈振龙到吕宋(今菲律宾)经商,看到甘薯,想把它传入祖国以代粮食,于万历二十一年（1593年）五月用重价买得几尺薯藤回国（吕宋不准薯种出国）。振龙的儿子陈经纶向福建巡抚金学曾推荐甘薯的许多好处，并在自家屋后隙地中试栽成功。金学曾于是叫各县如法栽种推广。第二年遇到荒年，栽培甘薯的地方，减轻了灾荒的威胁。后来经纶的孙子以桂把它传入浙江鄞（yín）县。又由以桂的儿子世元传入山东胶州，胶州比较冷，不容易种活，还每年从福建补运薯种，并传授藏种方法。世元又叫他的长子云、次子燮传种到河南朱仙镇和黄河以北的一些县，三子树传种到北京齐化门外、通州一带。世元并著有《金薯传习录》。后来有人在福州建立"先薯祠"来纪念金学曾、陈振龙、经纶、世元等。但是也有人说是先从吕宋传入泉州或漳州，然后向北推广到莆田、福清、长乐的，说法不一。当时福建人侨居吕宋的很多，传入当不止一次，也不止一路。传入后发展很快，明朝末年福建成为最著名的甘薯产区，在泉州每斤不值一钱，无论贫富都能吃到。

广东也是迅速发展甘薯栽培的省份，在明朝末年已和福建并称。传入途径也不止一路，其中有自福建漳州（邻近广东）传来的，也有从交趾传来的。据载，当时交趾严禁薯种传出，守关的将官私自放医生林怀兰过关传出薯种，而自己投水自杀。后人建立番薯林公庙来纪念林怀兰和那个放他的关将。

江浙的引种开始于明朝末年。徐光启曾作《甘薯疏》大力鼓吹，并多次从福建引种到松江、上海。到清朝初年，江浙已有大量生产。

其他各省，没有看到明代栽培甘薯的记载。我们查看了清代乾隆以前的方志，各省最早的记载如下：（1）台湾1717年，（2）四川1733年，（3）云南1735年，（4）广西1736年，（5）江西1736年，（6）湖北1740年，（7）河南1743年，（8）湖南1746年，（9）陕西1749年，（10）贵州1752年，（11）山东1752年，（12）河北1758年，（13）安徽1768年。此外，山西、甘肃两省尚未看到记载。这些记载未必能代表实际的先后次序，因为常有漏载、晚载。根据有记载的来说，福建、广东、江苏、浙江四省在明代已有栽培，其他关内各省除山西、甘肃二省外，都在清初的一百余年间，亦即1768年以前，先后引种甘薯。大体说来，台湾、广西、江西可能引种稍早；安徽、湖南紧接在江西、广西之后；云南、四川、贵州、湖北也不晚，山东、河南、河北、陕西或者稍晚，但相差不会太久。传入和推广的途径是错综复杂的。以后仍在继续发展。甘薯先后在不少地区发展成为主粮之一，所以有"红薯半年粮"的谚语。

甘薯是单位面积产量特别高的粮食作物，亩产几千斤很普遍。而且它的适应性很强，能耐旱、耐瘠、耐风雨，病虫害也较少，收成比较有把握，适宜于山地、坡地和新垦地栽培，不和稻麦争地。这一些优点，强烈地吸引着人们去发展它的栽培。

这种发展不是轻易得来的。不少传说中曾谈到某些外国不准薯种出国，我们先人则想方设法地引入国内。这些传说虽然不一定可靠，但是古代交通不便，从外国引种确实有一定困难。若不是热爱祖国，关心生产和善于接受新事物，是不会千方百计地把薯种传入国内的。传入后并不自私，有的还尽力鼓吹推广。试想推广得如此快，范围又如此大，需要多少薯种？同时还需要结合适宜于当地的栽培技术。这显然是通过很多人的辛勤劳动得来的。甘薯在国内各地区之间的传播、驯化和摸索出一套适宜于各地区的栽培技术，并先后在各地培育出许多品种，更需要付出长期的和艰辛的劳动。

此外，甘薯还有许多的用途，既可用来酿酒、熬糖，又可以做成粉丝等各种食品。由于甘薯块根包含很多水分，容易腐烂，各地就创造出各种保藏的方法，如晒干成甘薯片、甘薯丝或粒子，晒干磨粉或去渣制成净粉，以及井窖贮藏鲜薯等。所有这些，突出地表现出我国农民的勤劳和无穷的智慧。

新中国成立以来,甘薯栽培的发展也很快,它的产量,多年仅次于玉米而居全国粮食产量的第四位。

九、高粱和其他粮食作物

(一)高粱。高粱也叫蜀黍,现在北方俗称秫秫,在古农书里也有写作蜀秫或秫黍的。其实蜀黍、秫秫、蜀秫、秫黍,在北方人读起来,发音是相同的。实际上就是一个名词的不同写法。从现在可以查到的书来看,高粱这一名词最早见于明李时珍的《本草纲目》(1578年),说是俗名。蜀黍这一名词较古,最早见于西晋张华的《博物志》(3世纪)。在此以前的古书里没有提到过。后来见于唐陆德明的《尔雅音义》(7世纪前期),但《唐本草》(7世纪唐朝政府颁行,是我国最

高粱

早的一部药典）和唐人诗里仍没有提到。宋人诗里才提到蜀黍。元代的农书里才谈到蜀黍的栽培法。从文献记载来看，似乎到宋元时代才广泛地栽培，到了金末元初，在北方已经相当重要。

但是从地下发掘来看，1949年以来在不少地方发掘出古代高粱实物的遗存。如在江苏新沂县三里墩西周遗址中发现了炭化的高粱秆和高粱叶，河北石家庄市市庄村战国时赵国遗址中发现了炭化的高粱粒两堆，辽宁辽阳县三道壕西汉村落遗址中发现了炭化的高粱一小堆，陕西西安市郊西汉建筑遗址中发现了土墙上印有高粱秆扎成的排架的痕迹等。这些都说明高粱在我国也是古老的作物之一，而且地区分布很广，北至辽宁，西至陕西，东至江苏，都有它的实物遗存。1949年前还在山西万泉县荆村新石器时代遗址中发掘出高粱种粒，距今已有六七千年。如果上述实物的鉴定准确，那时代就要上推到遥远的原始农业时期，高粱和谷子、黍、稻等一样，都是我国原有的古老作物。

奇怪的是：为什么西晋以前的古书中没有提到高粱和蜀黍，甚至在《唐本草》和唐人诗中还是见不到呢？难道说古代另有名称？三国魏张揖写的《广雅》（3世纪）中的荻粱、木稷，真的是高粱？曹操曾用辽东赤粱煮粥吃，这赤粱也就是高粱吗？即使这些都是高粱，也只是汉以后才出现的，那么汉以前为什么还是见不到呢？难道古书中很早提到的"粱"，真的就是高粱吗？这些问题还有待进一步的研究。

现在高粱在东北和华北部分地区是主粮，在全国粮食中次于稻、小麦、玉米、甘薯，和谷子不相上下而互有消长。但是高粱不及玉米产量高，不如小米好吃，近年来有减少的趋势。

（二）马铃薯。马铃薯又名洋芋（或作阳芋），在山西俗称山药蛋，广东叫作荷兰薯或爪哇薯，原产南美洲。有人于1650年在台湾看见马铃薯。我国文献中最早的记载见于福建《松溪县志》（1700年），其次为湖北《房县志》（1788年）。可能最先是从南洋群岛传入我国，后来还有从别路传入的，例如有人说，"洋芋出俄罗斯"。但是它没有像甘薯那样得到广泛推广。现在主要产区是西北黄土高原、内蒙古高原以及东北北部。

马铃薯

（三）燕麦。燕麦原产东欧及西亚。我国很早就有栽培。《尔雅》里所说的雀麦，就是燕麦。一般所称的莜麦，亦作油麦，就是普通燕麦中的裸燕麦（另有皮燕麦）。燕麦在我国栽培不是很多。我国主要产区为北方的牧区和半牧区。内蒙古北部、甘肃、青海等省区的播种面积较大。

（四）荞麦。荞麦原产黑龙江至贝加尔湖一带。我国晋以前的书中没有记载，最先见于《齐民要术》的《杂说》中。但《杂说》不是贾思勰（xié）的原文，可能贾氏还不知道荞麦。此外，最先见于唐初孙思邈的《千金要方》（7世纪）。较后的唐人诗中就一再提到了。但据考古发掘，在甘肃武威磨嘴子汉墓中，发掘出东汉前期或中期的荞麦实物。荞麦至迟在汉代就已传入中国，到唐代已有推广，到了宋元间又有进一步的发展，南北各地都有栽培，在有些地区甚至成为主粮之一。现在主要产区是东北和黄河下游各省。

（五）豌豆。豌豆原产地中海沿岸。有人以为《尔雅》所说"戎叔谓之荏菽"是指胡豆，也就是豌豆。荏菽见《诗经》，实际是大豆。豌豆这一名词最先见于张揖《广雅》（3世纪），又名䅶（bī）豆。䅶豆在东汉崔寔《四民月令》（2世纪）中已有记载，可以证明至迟在汉代就已传入我国。元代农书中强调豌豆收获多，一岁之中成熟最早，近城市的还可以摘豆角卖，鼓励多种；并说山西人用豌豆掺上少量的麦混合磨成面，可做饼饵，不问凶年丰年，都可食用，实在是救济饥荒的宝贝。现在全国各省区都有栽培。

（六）蚕豆。蚕豆原产里海以南和非洲北部。我国明代以来的书中相传：蚕豆是张骞通西域时传入中国的。这完全是后人的推测，没有根据，古书中往往是豌豆和蚕豆的名称不一致，随俗而异，如《王祯农书》中所说的蚕豆，实际上是豌豆，不是我们现在所说的蚕豆（至今还有称豌豆为蚕豆的）。确指蚕豆的记载，最先见于北宋宋祁的《益部方物略记》（1057年），叫作"佛豆"。现在四川仍称为胡豆，发音和佛豆极相似。蚕豆这一名词，最先见于南宋杨万里（1127—1206年）的诗序中。从我国的一些古书记载来看，这种作物可能在宋初或宋以前不久传入我国，最先栽培于西南川、滇一带，元明之间才广泛推广到长江下游各省。现在主要产区为南方水稻区。

（七）绿豆。绿豆原产中国。这一名词最先见于《齐民要术》（534年前后），当时已广泛用作绿肥作物。可能在秦以前已有栽培，秦以前到汉代的书中提到的小豆，就包括了绿豆。元代《王祯农书》也是把绿豆当作小豆的一种。有人说绿豆原产印度；但是印度古代的文字梵文中并没有绿豆这个名词，印度栽培绿豆并不早于中国。元明两代的书中说，南北都有绿豆，北方最多，用途很广，可做豆粥、豆饭、豆酒，可以炒食，磨粉做面食，做粉丝、粉皮、豆芽菜等。现在也是北方种得较多，在有些地区（如在河南西部）和玉米间作，成为当地主粮之一，长江流域也种有相当数量。

后　记

万国鼎先生的《五谷史话》出版于1962年，离现在已经二十年了。随着时间的推移，书中有些内容如当时粮食作物的统计数字等已不适用，有酌加修订的必要。可惜万先生于本书出版后的第二年不幸逝世，这次再版，只好由我承担了这个修订工作。

农业史上的问题，特别是先秦的有关文献，现在学术界（主要是农史界）是存在着不同的理解的。例如万先生认为稷是谷子，粱是好粟，谷子是古代的首要作物等，有他长期的立论根据，现在也有不少人同意他的见解。我修订这本书的一个基本原则，是保留万先生原来的论点不变，一是尊重原作，二是学术上的不同看法是正常的，不能强求统一，只能留待学术界进一步探讨。至于文字方面，除个别必须改动的以外，一律不改；有关玉米、甘薯最早见于哪一省的记述，也一仍其旧。我只是在统计数字、近年考古发掘的资料以及某些明显缺失的地方，加以必要的修订和补充。不妥之处，欢迎读者指正。

缪启愉

1982年6月于南京

中国种稻小史

稻原产中国，广东、广西、云南、台湾等地区有稻的野生种。甲骨文有秜字。《说文》："秜稻今年落来年自生谓之秜。"字亦作穞或䆂，盖即野生稻。远古北方比现在暖（商代河南一带还有犀、象之类），可能北方原先也有野生稻。这也就是说，稻也许原产于我国南北广大地区。

农耕开始于新石器时代。我国在新石器时代就已种稻。江苏无锡仙蠡墩和锡山公园遗址下层发现稻谷①。浙江吴兴钱山漾和杭州水田畈遗址中发现成堆的稻谷和米粒②。安徽肥东县大陈墩遗址中发现结块的稻粒③。湖北京山县屈家岭、天门县

---

① 佟柱臣：《黄河长江中下游新石器文化的分布与分期》，《考古学报》1957年第2期。

② 浙江省文物管理委员会：《吴兴钱山漾遗址第一二次发掘报告》及《杭州水田畈遗址发掘报告》，《考古学报》1960年第2期。

③ 安徽省博物馆：《安徽新石器遗址的调查》，《考古学报》1957年第1期。

石家河、武昌洪山放鹰台等处遗址中发现红烧土中有很多稻谷[①]。河南渑池县仰韶遗址中发现有栽培稻的植物体和种粒[②]。

甲骨文中有没有稻字，至今尚无定论。唐兰先生释𦳒为穛，即稻字。董作宾、胡厚宣诸先生均从其说。但于省吾先生认为这是菽与豆的初文，而把"乎甫秜于妇，受出年"，释作"呼甫（人名）秜于妇（地名）而受有丰年"[③]。秜即野生稻，但已由人工栽培。

《诗经》中稻字见于《唐风·鸨羽》："王事靡盬，不能艺稻粱。"《豳风·七月》："八月剥枣，十月获稻。为此春酒，以介眉寿。"《小雅·甫田》："黍稷稻粱，农夫之庆。"《小雅·白华》："滮池北流，浸彼稻田。"《鲁颂·閟宫》："有稷有黍，有稻有秬。奄有下土，缵禹之绪。"又《周颂·丰年》"丰年多黍多稌"，稌也就是稻。《左传》昭公十八年"郳人藉稻"，郳在今山东临沂境内。《战国策》："东周欲为稻，西周不下水。"《吕氏春秋·乐成篇》："决漳水，灌邺旁。终古斥卤，生之稻粱。"

---

① 丁颖：《江汉平原新石器时代红烧土中的稻壳考查》，《考古学报》1959年第4期。

② 丁颖：《中国栽培稻种的起源及其演变》，《稻作科学论文选集》，1959年，原注据1939年安特生的报告。

③ 于省吾：《商代的谷类作物》，《东北人民大学人文科学学报》1957年第1期。

这些说明陕西、山西、河南、山东等省在周代都有稻的栽培。而且西周时稻在关中已被提到相当重要的地位。《诗经·白华》已指出稻田用水灌溉。战国时代灌溉工程大有发展，水稻随之有所推广。自西周至战国，稻粱并称，粱是好粟。又《论语·阳货》篇说："子曰，食夫稻，衣夫锦。"当时人们把稻米看作贵重的粮食。

西汉长安附近种稻①。昭帝时有稻田使者②。《氾胜之书》谈论控制水流以调节稻田水温的方法。这些说明关中仍然颇有水稻，可能还有进一步的发展，而且栽培技术已达到颇高的水平。哀帝时，贾让《治河策》说："若有渠溉，则盐卤下隰，填淤加肥，故种禾麦，更为秔稻，高田五倍，下田十倍。"③这段话说明：（1）灌溉放淤可以改良土壤，增辟稻田；（2）原来种谷子和麦的土地，经改良后改种水稻，可以提高单位面积产量五倍到十倍；（3）人们充分认识到水稻是高产作物，已成为发展对象。西汉兴修了很多水利灌溉工程，很可能稻作也

---

① 《汉书》卷65《东方朔传》：武帝常微行郊外打猎，"驰骛禾稼稻秔之地"。又东方朔说：关中"有秔稻……之饶"。
② 《汉书·昭纪》：元凤元年，"故稻田使者燕仓先发觉，以告大司农敞"。如淳注："特为诸稻田置使者，假与民（即官地租给人民）收其税入也。"
③ 《汉书·沟洫志》。

跟着有所发展。召信臣在南阳大兴水利,并规定均水约束,以防分争①,显然就是对稻田用水说的;其后张衡《南都赋》盛称南阳稻田之多和稻米之美②,也可以帮助证明。

东汉至晋初,从手头现有资料看:在南阳,东汉初杜诗又修治陂池、广拓水田③;晋初杜预也修治召信臣遗迹,灌溉田万余顷④。在汝南(河南东部,淮河以北),东汉邓晨⑤、鲍昱⑥、何敞⑦先后修治陂池,增广稻田。在皖北,东汉王景修复

---

① 《汉书·循吏传》:"召信臣……迁南阳太守,……时行视郡中水泉,开通沟渎,起水门提阏凡数十处,以广溉灌。……为民作均水约束,刻石立于田畔,以防分争。"

② 张衡(东汉人,78—139年)《南都赋》:"其水则开窦洒流,浸彼稻田。沟浍脉连,堤塍相辖。朝云不兴,而潢潦独臻。决渫则疃,为溉为陆。冬稌夏穱,随时代熟。……若其厨膳,则有华芗重秬、滍皋香秔、归雁鸣鹍、黄稻鲜鱼。"

③ 《后汉书》卷61《杜诗传》:"又修治陂池,广拓土田,郡内比室殷足。时人方于召信臣。"

④ 《晋书·杜预传》:"修召信臣遗迹,激用滍淯诸水,以浸原田万余顷。分疆刊石,使有定分。公私同利,众庶赖之,号曰杜父。"

⑤ 《后汉书》卷45《邓晨传》:"为汝南太守,……兴鸿郤陂数千顷田,汝土以殷,鱼稻之饶,流行他郡。"

⑥ 《后汉书》卷59《鲍永传》:昱"后拜汝南太守。郡多陂池,岁岁决坏,年费常三千余万。昱乃上作方梁石洫,水常饶足,溉田倍多,人以殷富"。

⑦ 《后汉书》卷73《何敞传》:"又修理鲖阳(县名属汝南郡)旧渠,百姓赖其利,垦田增三万余顷。"

芍陂（在安徽寿县）①，魏刘馥广开屯田，修治芍陂等种稻②。邓艾更自汝南以北，南至寿春（安徽寿县），大治诸陂，穿渠三百余里，溉田二万顷③。自南阳汝南往北，汉末曹操屯田许昌开辟稻田④。魏郑浑在萧、相二县（在江苏西北角）开稻田⑤。夏侯惇在济阴（山东西南角）开稻田⑥。东汉崔瑗在汲县（在河南北部）开稻田⑦。在河北北部东汉张堪开稻田八千

---

① 《后汉书》卷106《王景传》。

② 《三国志·魏书》卷15《刘馥传》："为扬州刺史……广屯田，兴治芍陂及茹陂，七门、吴塘诸堨，以溉稻田，官民有畜。"

③ 《晋书·食货志》："皆如艾计施行。遂北临淮水，自钟离而南横石以西，尽沘水四百余里，五里置一营，营六十人，且佃且守。兼修广淮阳、百尺二渠，上引河流，下通淮颍，大治诸陂于颍南、颍北，穿渠三百余里，溉田二万顷，淮南、淮北皆相连接。自寿春到京师，农官兵田，鸡犬之声，阡陌相属。……资食有储，而无水害，艾所建也。"

④ 《晋书·食货志》邓艾说："陈蔡之间，土下田良，可省许昌左右诸稻田，并水东下。"

⑤ 《三国志·魏书》卷16《邓浑传》："浑迁阳平、沛郡二太守。郡界下湿，患水涝，百姓饥乏。浑于萧、相二县界，兴陂堨，开稻田。……一冬间皆成。比年大收，顷亩岁增。"

⑥ 《三国志·魏书》卷9《夏侯惇传》："复领陈留、济宁太守。……时大旱，蝗虫起，惇乃断太寿水作陂，身自负土，率将士劝种稻，民赖其利。"

⑦ 惠栋《后汉书补注》卷12引崔鸿《崔氏家传》："瑗为汲令，有泽田不殖五谷，瑗为开渠浍，兴造稻田苴蒲之利。"

余顷①，魏刘靖修渠灌溉蓟南北种稻②。而新城（在北京西南）秔稻，曹丕夸耀其"上风吹之，五里闻香"，胜过江南好米③；晋初曾令官奴婢去新城代田兵种稻④。在西北，东汉马援在金城⑤（旧兰州、西宁二府地），魏徐邈在武威、酒泉⑥（甘肃河西走廊）先后开水田。

从以上史实看来，东汉至晋初继西汉之后，对于稻的重视有加无已，特别是曹魏屯田，曾大力发展水稻。主要因为稻是

---

① 《后汉书》卷61《张堪传》："堪拜渔阳太守。……匈奴尝以万骑入渔阳，堪率数千骑奔击，大破之，郡界以静。乃于狐奴开稻田八千余顷，劝民耕种，以致殷富。"

② 《三国志·魏书》卷15《刘馥传》："馥子靖。……遂开拓边守，屯据险要。又修广戾陵大堨，水溉灌蓟南北，三更种稻，边民利之。"

③ 魏文帝曹丕与朝臣书："江表唯长沙名有好米，何得比新城秔稻邪？上风吹之，五里闻香。"又袁淮《观殊俗》（《艺文类聚》卷85引）："河内青稻，新城白粳。"

④ 《晋书·食货志》："咸宁元年十二月诏曰：出战入耕，虽自古之常，然事力未息，未尝不以战士为念也。今以邺奚官奴婢著新城代田兵种稻。奴婢各五十人为一屯，屯置司马使，皆如屯田。"

⑤ 《后汉书》卷54《马援传》："援上言，破羌（县名，属金城郡）以西城多完牢，易可依固；其田土肥壤，灌溉流通。……援奏为置长吏，缮城郭，起坞候，开导水田，劝以耕牧，郡中乐业。"

⑥ 《三国志·魏书》卷27《徐邈传》："河南少雨，常苦乏谷，邈上修武威、酒泉盐池，以收虏谷。又广开水田，募贫民佃之。家家丰足，仓库盈溢。"

高产作物，只要有水灌溉，就开为稻田。后来甚至淮南北陂塘发展得过甚，豪强只顾自己霸占水源，反而损害别人的良田。因此杜预建议："其汉氏旧陂、旧堨及山谷私家小陂，皆当修缮以积水。其诸魏氏以来所造立，及诸因雨决溢蒲苇、马肠陂之类，皆决沥之。"①

十六国及北朝时期，水利失修，稻作大抵有减无增。但《齐民要术》有水稻旱稻两专篇，技术较前进步，反映稻在北方一直有相当栽培，积累了不少经验。

综合以上所说，黄河流域各省都有稻的生产。新石器时代北方就种稻，周代在陕西、河南、山东有发展，汉魏在河南及皖北尤其有显著的发展。但是这些种稻地区，不过是整个北方汪洋陆海中的少数片段；稻米虽受珍视，但总产量有限，其重要性仍然不及谷子和小麦。

在南方，水稻很早就是首要作物②。但因我国古代经济文化中心在黄河流域，南方落后得多。《尚书·禹贡》把南方土地排列在最末等。《汉书·景十三王传》说："长沙定王

---

① 《晋书·食货志》。
② 《周礼·职方氏》：扬州、荆州，"其谷宜稻"。《淮南子·地形训》："江水肥仁，而宜稻。"又说："南方阳气之所积，暑湿居之，……其地宜稻。"《史记·货殖列传》："总之，楚越之地，地广人稀，饭稻羹鱼。"

发……以其母微无宠,故王卑湿贫国。"西汉人口最密的地区是华北大平原及关中,江南人口很稀①。此时人口多寡,实是当地粮食产量多寡的标志。所以尽管稻是南方主要作物,但是总产量远不及北方主要作物谷子的总产量多。

---

① 《汉书·地理志》载有平帝元始二年(2年)郡国户口数,兹加以计算(下列方公里数系茆诗发先生根据杨守敬所绘《汉书地理图》测算)如下:

北方:	人口数	面积(方公里)	南方:	人口数	面积(方公里)
司隶	6 682 602	195 452	荆州	3 599 258	595 162
豫州	7 551 734	108 163	扬州	3 206 213	677 821
冀州	5 177 462	79 699	益州	4 784 214	1 065 310
兖州	7 877 431	89 601	交州	1 372 290	676 565
徐州	4 633 861	124 103	合计	12 959 975	1 014 858
青州	4 191 341	81 334			
凉州	1 282 013	446 314			
并州	3 321 572	352 953			
幽州	3 993 410	591 291			
合计	44 959 975	2 068 910			

南方四州大于北方七州,人口只及北方的28.78%,荆扬二州面积(1 272 983方公里)倍于司隶、豫、冀、兖、徐、青六州(598 352方公里)而有余,人口(6 803 471)只及后者(36 114 431)的六分之一强。又如豫州(今河南省的一部分)面积约占全国总面积的2%,而人口有755万多人,占全国人口总数的13%以上,共建置了108县,豫章郡(今江西省)面积倍于豫州,但人口只有35万多人,18个县。极其明显地反映长江以南的经济情况远不及黄河流域。华北大平原及关中是当时人口最密的地方,江南人口很稀。

东汉南方人口渐有增加①。汉末黄河流域的大破坏，使中原流民逃入荆扬二州（荆扬包括长江中下游各省及福建）。西晋的覆灭，和十六国的扰乱，使更多的中原人民向南迁移，增加了南方的人力。劳动人民在这南方的广大地区，不断地兴修水利，平整土地，修建梯田（始于汉）、圩田（至迟始于晋）。到刘宋时，江南膏腴上田，已经胜过关中②。同时水稻栽培技术也有进步，粮食产量与人口有较快的增加。南朝时南方经济已经颇为繁荣了。遂使隋朝统一后，唐帝国凭借南北的雄厚经济基础，其富强超过汉朝。

但在唐朝前期，全国经济重心仍在北方。天宝元年（742

---

① 从《后汉书·郡国志》所载顺帝永和五年（140年）的人口统计来看，虽然基本上还是南方不及北方，华北大平原仍是人口最密的地方，但是北方除南阳郡（因为是帝乡）人口增加较多外，其余各地都比前汉少，尤其是西北减少得厉害；而南方则几乎普遍增加，江西、湖南增加得最显著。豫章郡已有166万多人，比西汉的35万多人，增加了3.74倍。

② 沈约《宋书》在《孔季恭传》后面说：江南到了刘宋时，"地广野丰，民勤本业，一岁或稔（丰收），则数郡忘饥。会（会稽郡）土带海傍湖，良畴亦数十万顷，膏腴上地，亩直一金，鄠杜之间（鄠县和杜陵县都在关中，鄠杜之间指关中的膏腴上地），不能比也。荆城跨南楚之富，扬部有全吴之沃，鱼盐杞梓之利，充仞八方；丝绵布帛之饶，覆衣天下"。这种情况，和汉初相比，已经完全是两个样子了。

年）人口统计，北方五道3042万多人，南方五道2036万多人，约为三与二之比，仍然北多于南[1]。安史之乱以后，直到五代十国，北方因长期战争，农业生产遭到严重破坏；南方比较安定。中唐以后的水利建设，也偏重在南方。五代时吴越在太湖地区兴修水利，尤其有突出的成绩。因此，中唐以后，全国经济重心已有推向南方的朕兆，到北宋时则已肯定转移到南方。唐把全国分为十道，南北各五道。宋把全国分为十八路，北方五路，南方十三路，已经明显地反映南方的繁荣超过北方。元丰三年（1080年）人口统计，北方956万多人，南方2368万多人，约为二与五之比，北方人口已不及南方的

---

[1] 据《新唐书·地理志》所载天宝元年户口数计算：

北方	人口数	南方	人口数
关内道	4 654 766	山南道	2 515 349
河南道	11 278 695	淮南道	2 275 380
河东道	3 723 217	江南道	10 315 632
河北道	10 230 972	剑南道	4 099 826
陇右道	536 361	岭南道	1 161 149
合计	30 420 011	合计	20 367 336

一半①。人口的增加，不但增加从事生产的劳动力，同时也是当地农业发展的反映。在南方生产中，水稻的大量增产起着主导作用。我们现在虽没有唐宋时代的粮食产量统计，但是可以肯定地说，至迟到北宋时，稻的总产量已经上升到全国粮食作物的第一位。

---

① 据《通考》所载宋元丰三年户口数计算：

北方	人口数	南方	人口数
东京	381 092	淮南路	2 030 881
京东路	2 546 677	两浙路	3 223 699
京西路	1 102 887	江南东路	1 899 455
河北路	1 881 184	江南西路	3 075 847
陕府西路	2 761 804	荆湖南路	1 828 130
河东路	890 659	荆湖北路	1 212 000
合计	9 564 303	福建路	2 043 032
		成都路	3 653 748
		梓州路	1 413 715
		利州路	648 866
		夔州路	468 067
		广南东路	1 134 659
		广南西路	1 055 587
		合计	23 687 686

上所列人口数不一定正确，历代户口统计大抵少于实际数，但是用来做南北人口多寡的比较还是相当可靠的。

金末元初北方受到极其惨重的破坏,更进一步地加强南方经济的优势。明初北方经济颇有恢复,但南方又向前发展,清代也继续着这一趋势。

明邱濬《大学衍义补》(1487年)说:"韩愈谓赋出天下,而江南居十九。以今观之,浙东西又居江南十九,而苏、松、常、嘉、湖又居两浙之十九也。"东南成为全国粮食生产的中心,以至宋代就有"苏常熟,天下足"[1]或"苏湖熟,天下足"[2]的谚语。但重要产米地区不止东南一隅,所以明人有"湖广熟,天下足"[3],近人也有"湖南熟,天下足"等说法。

明宋应星《天工开物》(1637年)说:"今天下育民人者,稻居什七,而来、牟、黍、稷居什三。"这一对稻的重要性的估计是言过其实的,但是毫无疑义地反映稻在粮食作物中高居首位。

从以上所说来看,稻的栽培在我国是一直在不断发展的,从原先的颇为次要上升到高居第一位。这种发展是我国农民投入不可估量的创造性的辛勤劳动取得的。稻对生长条件和栽培

---

[1] 宋陆游《渭南文集》卷20《常州奔牛闸记》。
[2] 宋范成大《吴郡志》卷50。
[3] 明《地图综要》中湖广部分。

技术的要求较高，我们先民在生产实践斗争中，不断改良土地，兴修水利，在洼地做起圩田，坡地做起梯田，在祖国的许多地区改变了大地的自然面貌，使其更加适合于水稻的栽培。在整地、播种、施肥和田间管理等各方面，积累了许多宝贵的经验，较早地达到颇高的技术水平并且先后培育出适合不同地区的许多品种。

据丁颖先生的考据[①]，栽培的稻种最先是籼稻型，粳稻（亦作秔稻）是由籼稻分化形成的，糯稻（亦作秫稻）是由粳或籼的淀粉性变异形成的，旱稻是由水稻受不同环境的影响分化形成的。湖北和浙江新石器时代遗址中发现的稻谷是粳型的。《氾胜之书》说，三月种秫秔，四月种秫稻。《礼记》所说陆稻，《管子》所说陵稻，就是旱稻。《说文》中"穛，稻不黏者"，就是籼稻。可见这些分化，在我国早已具备。关中品种，魏曹丕（3世纪前期）所说"新城秔稻"，"上风吹之，五里闻香"，可能是后世香粳稻的祖先。晋郭义恭《广志》（3世纪后期）载有十几种稻的品种，后魏贾思勰《齐民要术》（6世纪前期）载有二十几个品种，其中有再生稻、双

---

① 丁颖：《中国栽培稻种的起源及其演变》，《稻作科学论文选集》，1959年。

季稻。明清方志中所记稻的品种，多至不可胜数。我国现有稻的品种，估计当在一万种以上，品种之多，世界上没有一国可与我国相比。

鸦片战争以后，我国处于半殖民地半封建社会，遭受帝国主义的侵略与封建统治的压迫和剥削，水利失修，灾荒连年，稻的栽培受到阻碍与破坏，以致每年输入大量洋米，变为突出的米入口国。1949年前稻谷的最高年产量是1146.82亿斤，1949年是972.89亿斤。1949年后迅速恢复，1951年已超过1949年前的最高年产量，其后逐年增加，到1958年已倍于解放前的最高年产量。现在已经可以输出大米，变为米出口国。这种飞跃发展，完全是由于党的英明领导和群众的生产积极性，充分发挥并提高祖国农业精耕细作的优良传统获得的。据1957年统计，稻谷总产量占全国粮食总产量的46.90%；各省区都有稻的生产，长江流域七省及上海市占全国稻谷总产量的66.21%，福建、广东、广西、云南、贵州五省区占28.31%，黄河流域及东北、内蒙古、新疆占5.38%。南方是稻的主要产区，但北方近年的发展也很快。从近年双季稻的推广、空前规模的水利建设、旱改水的趋势，以及单位面积产量的大幅提高（1959年已出现不少水稻亩产千斤县）来看，我国稻的产量，还要继续飞跃发展。尽管其他作物的产量都在提高，稻的总产量可能不会超过全国粮食总产量的50%。在世界各国中,印度的稻田面积曾居首位,1958年我国播种面积已超过印度,总产量更是遥遥领先,占世界总产量的三分之二以上。

(本文据万国鼎先生手稿)

中国种麦小史

麦是大麦、小麦的总称,但也往往简称小麦为麦。大麦是有稃大麦和稞大麦的总称,但习惯上往往称有稃大麦为大麦,而称稞大麦为穬麦、稞麦或元麦,在青海康藏地区称稞大麦为青稞。

大麦和小麦的原产地,有多种说法。我国在远古就已种麦。安徽亳县新石器时代遗址中发现大量麦粒(详后)。

甲骨文中"来"字像麦的植株形,当是麦的本字。也有麦字。又有登麦(用新麦祭祖先)的记载("献上甲来""登来乙且""登来于二爪")。卜辞三月有收获,殷历三月相当于夏历四五月,当是收获麦,说明商代种的是冬麦,秋种夏收。

《春秋》只记载禾、麦两种作物的灾情,其他作物都不载,反映麦受到重视。在《吕氏春秋·十二纪》中,《季春纪》说:"乃为麦祈实。"(祈祷麦的丰收)《孟夏纪》说:"农乃升麦。"(进献新收的麦)《仲秋纪》说:"乃劝种麦,无或失时,行罪无疑。"对于其他作物,只有《仲夏纪》的"以祈谷实"(为谷子祈祷丰收),但仍没有"乃劝种谷"的话,更加突出地表示麦在当时特别受到重视。

《汉书·武帝纪》说元狩三年(前120年),"劝有水灾郡种宿麦"。又《食货志》说:"董仲舒说上曰:《春秋》他谷不书,至于麦禾不成则书之,以此见圣人于五谷最重麦与禾也。今关中俗不好种麦,是岁失《春秋》之所重,而损生民之具也。愿陛下幸诏大司农,使关中民益种宿麦,令毋后时。"这也说明对于麦的重视。

以上所说麦是小麦,还是大麦呢?没有说明。

《诗经·周颂·思文》:"贻我来牟。"又《臣工》:"于皇来牟。"来牟指什么?解释不一。《鲁诗》作"饴我釐麰"。《韩诗》作"饴我嘉麰"。只有《毛诗》作"贻我来牟"。但毛、郑都没有说来是麦名。在现存文献中,最先说来是小麦、牟是大麦的,是三国魏人张揖的《广雅》(3世纪)。

小麦这一名词最先见于《氾胜之书》(前1世纪),在氾氏以前古书中没有大小麦之别。因此日本筱田统先生在他所作《五谷的起源》①中认为中国汉以前所说麦都是大麦，来牟是一物，也就是大麦。小麦可能是在张骞通西域以后传入中国的。他又提出另一个重要证据：小麦的种皮硬，不适于粒食，粉很黏，宜于磨粉做面食（大麦则种皮较软，面粉不太黏），而中国古代习惯于粒食，真正粉食始见于扬雄《方言》（和氾胜之同时）。他甚至以为中国小麦栽培的普遍化晚至唐代。筱田统先生的考据很细致，但一部分说得很勉强，与事实不符。

我国在秦以前肯定有小麦，而且先秦书中所说麦，似乎一般是指小麦，《吕氏春秋》中就有证据。

《吕氏春秋·任地篇》说："孟夏之昔，杀三叶而获大麦……日中出，狶首生，而麦无叶，而从事于蓄藏。"这里"孟夏之昔"指夏历四月下旬②；"三叶"指荠、亭历、

---

① 筱田统（大阪学艺大学）：《五谷的起源》，《自然与文化》1951年第二号，承筱田统先生自日本寄赠其大作抽印本，特此致谢。

② 王念孙《读书杂志》："昔，犹夕也"；《尚书大传》云"月之朝，月之中，月之昔"，郑注"上旬为朝，中旬为中，下旬为夕"；庄七年《穀梁传》云"日入至于星出谓之昔"；《楚辞·大招》注引《诗》"乐酒今昔"；是昔与夕相通。《吕氏春秋》尚有两处夕写作昔：（1）《制乐篇》："是昔荧惑果徙三舍。"（2）《博志篇》："今昔臣梦受之。"

葶苈三种十字花科植物，到四月末枯死，而大麦就在此时成熟，到了收获的时节。"日中出"指夏至，夏至是五月中的节气（芒种是五月初的节气）。豨首即天名精，《名医别录》说是"生平原川泽，五月采"，就是五月里当豨首苗初生的时候，采它的宿根供药用。此时麦子已经黄熟，没有绿叶，到了收获贮藏的时候了。

大麦的收获时节，比一般小麦约早半个月。这里说四月末收大麦，到了五月中，又一次收获麦，刚巧比大麦晚了半个月。这个五月中收获的麦，显然应当就是小麦。

如果说先秦没有小麦，这个五月中收获的麦仍是大麦，为什么在同一篇文章里，相隔不过三十多字，要用麦和大麦两种名词呢？既然是同一种麦，为什么成熟时的物候不同，而且先后刚巧相隔半个月呢？既然"麦"就是大麦，为什么忽然跳出"大麦"这个名词呢？

按照一般情况说，"麦"既然是多少年来（从甲骨文中有麦字，到《吕氏春秋》时已经有一千多年）习用的名词，这个后来出现的名词"大麦"，应当是因为不同于原有的麦而命名的。而且这里同时提出"大麦"和"麦"两个名词，而不是"小麦"和"麦"两个名词，更加使我们这样说：这里称作"麦"的是小麦而不是大麦；先秦书中所说的麦，一般是指小麦而不是大麦。

又《审时篇》说:"得时之麦,……二七以为行,而服薄糠而赤色。"大麦穗多数是六棱的,籽粒排列成为很明显的三行(一面三行,两面共六行),如果是大麦,应当说三七以为行。小麦穗在正面看不到明显的行列,在侧面看则成二行,所以"二七以为行"似是指小麦而不是大麦。大麦有壳,壳没有红色的,去壳后的麦粒,呈青灰、黄白、棕黑或近似稞麦的颜色。稞麦皮颜色较淡,近乎棕黄色,小麦的颜色比较红紫。这里说麦皮赤色,也是指小麦的成分多。

而且先秦至汉那样重视麦,小麦显然比大麦好,二者的区别也很显然。如果说原来只有大麦,到武帝时张骞通西域后才传入小麦,不会不引起人们的注意。在当时及稍后的文献中,不可能全无记载。为什么在我国古书中一点影踪都没有呢?

再就用粉食的时期来证明小麦是张骞通西域后,才传入中国的理由来说,我们可以提出三种反证。

首先,即使我国古代习惯于粒食,不见得就不能栽培小麦。至多也只能说,在面食没有发明前小麦的优越性还没有发挥,小麦对大麦不能占压倒优势。埃及就是很早栽培大麦和小麦,到了公元前2000年左右,发明制造面包后,才使小麦的栽培远远超过大麦。而且我国古代的麦饭,是磨麦合皮而煮成的①。既然用的是磨碎的麦粒，那么种皮硬不硬就没有多大关系。麦饭在我国历史上流传很久。史游《急就篇》（前1世纪）"饼饵麦饭甘豆羹"，颜师古注（7世纪）"麦饭豆羹，皆农夫野人之食耳"。至今皖北、苏北仍有这种吃法。在日本帝国主义侵入南京时，南京人民也吃过用小麦磨面合皮煮成的麦饭。

其次，我国在先秦就有面食，《说文》"饼，麦䬦也"，"䬦，稻饼也"。《释名》："饼，并也，溲麦面使合并也。"古代把各种面食通称为饼。《墨子·耕柱篇》说："子墨子谓鲁阳文君曰：'今有一人于此，羊牛犓豢，维人但割而和之，食之不可胜食也。见人之作饼，则还然窃之。'"《三辅旧事》说："太上皇不乐关中，高祖徙丰沛屠儿、酤酒、卖饼商人，立为新丰县。故一县多小人。"②可见秦以前已有面食，且有卖饼商人。《汉官仪》：尚书郎太官供

---

① 史游《急就篇》："饼饵麦饭甘豆羹。" 颜师古注："麦饭，磨麦合皮而炊之也。"麦饭既然是磨麦合皮而炊成的，其中必有磨细的麦粉煮成糊，而大部分仍为破碎的或不大破碎的麦粒，炊后仍是一粒粒的成为饭的形状。和史游同时而稍晚的《氾胜之书》叙述溲种法说："以汁和蚕矢羊矢各等分，挠令洞洞如稠粥……以溲种如麦饭状。"正是指这种麦饭粒与糊浆混合着的样子。

② 《太平御览》卷860引。

食，汤官供饼①。《汉书·百官公卿表》也有汤官，属少府；注：汤官主饼饵。这些已帮助说明，在张骞通西域以前，面食在中国已不是稀罕的东西。

最后，我国很早就有磨粉的工具。《说文》："面，磨麦也，从麦䊳声；一曰䊳也。"可见古代也有用杵臼舂成粉的。现在南京仍有用杵臼舂米粉的。在我国新石器时代遗址中，有杵臼出土，而且还发现石磨盘和碾棒。②《说文》："硙，䃺也，从石豈声，古者公输班作硙。"石磨是不是鲁班发明的，有疑问，但可说明我国使用具有上下两片的石磨也很早。《诗经·邶风·柏舟》："我心匪石，不可转也。我心匪席，不可卷也。"席是一种成品，石与席并举，也可能是成品；石而可转，似有指石磨上片的可能。而且据说1956年已在河南洛阳发现战国时代的石磨，形象和现代石磨相似。③1955年，在江苏江都西汉墓中也发现石磨。居延汉简也记载戍卒的用具中有上下两片的硙。居延汉简虽是汉武帝至东汉初的东西，但戍卒的

---

① 桂馥《说文解字义证》引。

② 甘肃兰州及河南南阳出土，见1954年《全国基本建设工程中出土文物展览图录》图版99及134。

③ 冉昭德：《从磨的演变来看中国人民生活的改善与科学技术的发达》，《西北大学学报》，1956年。

装备中有石磨，实反映石磨已是生活上常用的工具，必然汉初北方已在广泛使用了。怎么能说，我国要晚至西汉末才有真正的粉食呢？

从以上所说来看，实在没有任何理由可以否定我国在秦以前就有小麦。

不但如此，现在我们还有实物可做证明。1955年在安徽亳县钓鱼台新石器时代遗址中，发现大型陶鬲内盛有大量麦粒，麦粒虽然变为深黑色，但颗粒保存完好，仍为粒粒可数的原来形状，重市秤一斤13两[①]，我们已向安徽省博物馆要到样品，送请南京农学院植物学教研组做科学的鉴定。这些出土的炭化麦粒，粗短而没有稃，绝不是大麦（大麦粒尖长而有稃）；只有稞麦还可能有疑似之处。但是它的腹沟向两旁开展，不像稞麦的几乎紧闭成一条线；粒形也不像稞麦的瘦长而两端尖；胚芽的形状也像小麦而不像稞麦。所以从麦粒的外形看，可以肯定是小麦。[②]这是最有力的实物证据，证明我国还在四五千年

[①] 安徽省博物馆：《安徽新石器时代遗址地的调查》，《考古学报》，1957年1期。

[②] 兹为慎重起见正在做进一步的观察，取今日小麦和稞麦用人工炭化后以做比较。盖拟前经合肥安徽省博物馆观察全部出土麦粒。取其更加完整的麦粒，用特殊显微照相，摄制放大照片。而且其中可能杂有伴随植物的种子，还可以据以考察其产地及收获季节。

前的新石器时代就已栽培小麦。

关于我国古代产麦地区:《诗经》麦及来牟见于《鄘风·桑中》("爰采麦矣,沫之北矣");《载驰》("我行其野,芃芃其麦");《王风·丘中有麻》("丘中有麦");《魏风·硕鼠》("硕鼠硕鼠,无食我黍");《豳风·七月》("黍稷重穋,禾麻菽麦");《大雅·生民》("麻麦幪幪");《周颂·思文》("贻我来牟,帝命率育");《臣工》("於皇来牟,将受厥明");《鲁颂·閟宫》("黍稷重穋,稙穉菽麦")。《周礼·职方氏》中九州中产麦的有豫州、青州、兖州、并州;而长江流域的扬州、荆州,只说"其谷宜稻",没有提到麦。此外《史记·货殖列传》说:"楚越之地,地广人稀,饭稻羹鱼。"《汉书·地理志》也说荆扬和巴蜀吃的是稻和鱼。这些说明先秦至汉的主要产麦地区是今山东、河南、河北、陕西、山西等省。此外,安徽亳县在新石器时代就已种麦,苏皖的淮北地区也应当是古代的小麦主要产区。

《诗经》中麦及来牟的出现次数,少于黍稷而多于菽、麻、稻。《春秋》只记载禾与麦的灾情。《左传》载:"郑祭足帅师取温之麦。"《战国策·韩策一》说:"韩地险恶,山居,五谷所生非麦而豆。"《吕氏春秋·任地篇》说:"今兹美禾，来兹美麦。"《氾胜之书》中谈论的，禾最详，麦次之，而且麦的栽培技术水平已颇高。《周礼·稻人》郑玄注引郑众说："今时谓禾下麦为荑下麦。"又"雉氏"注引郑众说："又今俗间谓麦下为荑下，言芟荑其麦，以其下种禾豆也。"史游《急就篇》"饼饵麦饭甘豆羹"，颜师古注："麦饭豆羹，皆农夫野人之食耳。"这些记载反映，麦在西周以前的重要性不及禾与黍；春秋以后，麦渐重要，已超过黍；到了战国至汉，麦在北方的栽培似乎已相当普遍，与禾轮栽，而且也许在不少地区成为普通人民的常食之一（次于谷子而与豆相上下，或者还超过豆）。

南方原先很少种麦。但是《楚辞》宋玉《招魂》（前4世纪）说："稻粢穱麦，挐黄粱些。"西汉王褒《僮约》（前1世纪）说"四月当披，五月当获"，当是收获麦。《越绝书》说："计倪曰……戊货之户曰麦，为中物，石三十。……庚货之户曰穬，比疏食，故无贾。"这话也许不是越王勾践时计倪所说的，但这书是东汉会稽袁康所写（1世纪），至少反映东汉初年浙西可能已有小麦和稞麦。这些说明长江流域虽然很少种麦，但不是绝对没有。大概汉以后大小麦逐渐向南推广。《晋书·五行志》说："元帝大兴二年（319年）吴郡、吴兴、东阳无麦禾，大饥。"可见4世纪初，麦在江浙已经取得了一定地位，且持续有推广。

这种推广大概主要出于农民日常的传播。有时王朝政府或地方官也曾督促推广，例如南朝宋文帝刘义隆元嘉二十一年（444年）督促扬州、浙江、江西属郡种麦，并贷给麦种①。唐韦丹在广西容州教种麦②。宋太宗赵光义（10世纪末）令江南、两浙、荆湖、岭南、福建诸州种麦③。南宋更是累次督促两浙、江东西、湖南北各地种麦④。据南宋庄绰《鸡肋

---

① 《宋书·文帝本纪》："二十一年……秋七月……乙巳，诏曰：'比年谷稼伤损，淫亢成灾，亦由播殖之宜，尚有未尽，南徐、兖、豫及扬州、浙江、江西属郡，自今悉督种麦，以助阙乏。速运彭城、下邳郡见种，委刺史贷给。'"

② 《新唐书·循吏传》："韦丹……为容州刺史……教种茶麦。"

③ 《宋史·食货志》：太宗时，"言者谓江北之民杂植诸谷，江南专种粳稻，虽土风各有所宜，至于参植以防水旱，亦古之制。于是诏江南、两浙、荆湖、岭南、福建诸州长吏，劝民益种诸谷，民乏粟、麦、黍、豆种者，于淮北州郡给之；江北诸州，亦令就水广种粳稻，并免其租"。又《宋会要辑稿·农田杂录》："淳化四年二月，诏岭南诸县，令劝民种四种豆及黍粟、大麦、荞麦，以备水旱。官给种与之，仍免其税。内乏种者，以官仓新贮粟、麦、黍、豆贷与之。"

④ 《宋会要辑稿·农田杂录》："乾道七年（1171年）十月五日诏：江东西、湖南北帅漕官……广行种麦……先是，宰执进呈臣僚言：今岁江西、湖南诸州郡例皆旱伤，且去秋未远，宜令逐路守、令因而劝种二麦。"《宋史·食货志》："淳熙七年（1180年），复诏两浙、江、淮、湖南、京西路帅、漕臣督守令劝民种麦，务要增广。自是每岁如之。"《宋史·宁宗本纪》："嘉定……八年（1215年）……六月丙辰诏两浙、江淮路，谕民杂种粟、麦、麻、豆，有司毋收其赋，田主毋责其租。"

编》（12世纪前期）说："建炎之后，江、浙、湖、湘、闽、广，西北流寓之人遍满。绍兴初，麦一斛至万二千钱，农获其利，倍于种稻。而佃户输租，只有秋课。而种麦之利，独归客户。于是竞种春稼，极目不减淮北。"可见此时种麦已很盛。

这里春稼与秋课并提，显然意味着同一块田内一年之中稻麦两熟，麦和稻的生长时季不同，只要安排得好，就可以在一周年之内秋季收稻以后种麦，夏季收麦以后插秧。因而麦的推广，并不妨碍稻的栽培面积。

我国什么时候开始有稻麦两熟制？东汉张衡（78—139年）《南都赋》说："其水则开窦洒流，浸彼稻田。沟浍脉连，堤塍相辗。朝云不兴，而潢潦独臻。决渫则暵，为溉为陆。冬稌夏穛，随时代熟。"稌就是稻穭。《广韵》释作"稻处种麦"，《集韵》释作"稻下种麦"，而且上文说有完备的沟渠和堤塍，可以灌水种稻，也可以放水成为旱田。接着说冬季收稻，夏季收麦，随着时季轮流成熟。显然是河南南阳一代在东汉初就已实行稻麦两熟制。

至于长江以南，唐樊绰《蛮书》（9世纪）说："从曲靖州已南，滇池已西……从八月获稻，至十一月十二月之交，便于稻田种大麦，三月四月即熟。收大麦后，还种粳稻。小麦即于冈陵种之，十二月下旬已抽节如三月，小麦与大麦同时收刈。"北宋朱长文《吴郡图经续记》(1084年)说:"吴中地沃而物夥,稼则刈麦种禾,[①]一岁两熟,稻有早晚。"南宋《陈旉农书·耕耨之宜篇》说:"早田获刈才毕,随即耕治晒暴,加粪壅培,而种豆麦蔬茹。"《王祯农书·垦耕篇》说:"高田早熟,八月燥耕而耰之,以种二麦。……二麦既收,然后平沟畎,蓄水深耕,俗谓之再熟田。"这些都是指一年稻麦两熟说的。大概南方种麦后,很早就摸索出一套稻麦两熟制的办法。

《王祯农书·谷谱》"小麦"条说:"南方惟用撮种,故用种不多,然粪而锄之,人工既到,所收亦厚。"可见此时南方种麦,单位面积产量较高,不比北方差。

小麦不但向南推广,同时在北方也在发展。元以前就有农谚说:"收麦如救火。"唐时已有麦钐,到元初发展成为麦笼、麦钐、麦绰结合成为一套的快速收麦器。[②]《王祯农书·收获篇》说:"今北方收麦,多用钐刀麦绰,钐麦覆于腰后笼内,笼满即载而积于场。一日可收十余亩,较之南方以镰刈者,其速十倍。"若不是种麦很多,不会创造这种快速收麦器。

---

① 南方水稻区域称稻为禾。
② 详见《王祯农书·农器图谱》。

因此我们推断，小麦到南宋至元时全国总产量可能已经接近谷子，或者超过谷子而居粮食作物的第二位。

明宋应星《天工开物》（1637年）说："四海之内，燕、秦、晋、豫、齐、鲁诸道，蒸民粒食，小麦居半，而黍、稷、稻、粱仅居半。西极川、云，东至闽、浙、吴、楚腹焉，方长六千里中，种小麦者二十分而一，磨面以为捻头、环饵、馒首、汤料之需，而饔飧不及焉，种余麦(指大麦、稞麦)者，五十分而一，间阎作苦以充朝膳，而贵介不与焉。穬麦独产陕西，一名青稞，即大麦，随土而变，而皮成青黑色者，秦人专以饲马，饥荒人乃食之。"这里说明：（1）小麦的栽培远多于大麦；（2）小麦在全国粮食作物中仅次于稻而居第二位；（3）小麦在北方是主粮，在南方不是主粮；（4）小麦的主要产区在北方，南方不很多。此外《天工开物》又说："今天下育民人者，稻居什七，而来、牟、黍、稷居什三。"结合起来说，小麦约占全国粮食产量的15%。宋氏这些估计，也只能看作大势如此，不十分精确；但已明白地指出，小麦在粮食作物中仅次于稻而居第二位。

从历史上看，我国小麦栽培也是不断发展的。1949年以来发展更快，1949年我国小麦总产量不及美国的一半，1958年已经超过美国而跃居世界第二位（苏联的播种面积和总产量均居世界第一位）。现在全国各省区都有小麦栽培，河南、山东最多，河北、陕西、江苏、安徽、湖北、四川、甘肃、山西次之，黑龙江、新疆又次之。1957年小麦播种面积几乎接近水稻，总产量占全国粮食总产量的12.78%。

大麦（包括稞麦）播种面积不及小麦的五分之一，1957年总产量占全国粮食总产量的2.48%，占粮食作物的第七位。

（本文据万国鼎先生手稿）

中国种谷子小史

稷亦称为禾、粟、谷,现在通称谷子,去壳曰小米。(有人以为稷就是穄,是黍之不黏者,这种说法是错的,我已作《稷是谷子辩》,这里不多说。)谷子是我国原产。狗尾草是它的野生种,我国到处都有。

西安半坡村新石器时代遗址中发现盛有谷子的陶罐,说明我国在开始有农耕时(农耕起源于新石器时代),就已经栽培谷子。

在甲骨文中,🌾(禾)字是谷子的象形字。又有🌾(齋)字,这就是稷字的初文[①]。齋字出现的次数不及黍字多,禾字比黍字还多。还有年字,甲骨文作🌾,在禾字下面多了一些须

---

① 于省吾:《商代的谷类作物》,《东北人民大学人文科学学报》,1957年第1期。

根，像谷子连根拔起形。连根拔起表示收获，用禾的一次收获代表一年。又据于省吾先生说："卜辞黍凡百余见，登黍只二见，而登齍凡十六见，已超过齍数的三分之一。按照商代祀典来说，应该是齍贵于黍。"这些迹象不能不作为谷子是商代首要作物的反映。

周代以稷代表谷神，和社神（土神）合称社稷，并且以社稷作为国家的代名词。农官也称为后稷，而且周民族自己就说他们的始祖弃曾做过后稷，甚至直接称其始祖为后稷。稷又是重要的祭祀用谷，《诗经·甫田》作齐，亦作齍，《毛传》说："器实曰齍。"《周礼·小宗伯》"辨六齍之名物"，郑玄注："齍读为粢，六粢谓六谷，黍、稷、稻、粱、麦、苽。"又甸师"以供齍盛"，郑玄注："齍盛，祭祀所用谷也。粢，稷也，谷者稷为长，是以名云，在器曰盛。"意思是说祭谷虽有六种，但因稷是谷类之长，所以统称为粢。这些现象也说明谷子必然是周代最重要的作物。

再看历史记载。《春秋》庄公七年（前687年）："秋大水，无麦苗。"《公羊传》何休注："苗者，禾也。"又二十八年（前666年）："冬……大无麦禾。臧孙辰告籴于齐。"《春秋》对于作物的灾害，只记载禾与麦的灾害，其他都不记载。而禾麦受灾，就感到粮食恐慌，要告籴于齐。

又《左传》隐公三年（前720年）"四月郑祭足帅师取温之麦，秋又取成周之禾"，也是只提到禾与麦。这些也说明谷子是当时的主要作物。

在甲骨文中，禾、黍、麦都是象形字，各像其植株形。当初作物种类不多，不会有分类的概念。禾原是谷子的专名；到了人们需要表示概括的概念时，由于谷子是当时首要作物，遂用禾来概括其他作物，如黍等，于是渐由专名演化为共名，而穧（稷）成为谷子的专名（穧字是从禾从齐的形声字，它的出现当比禾字晚些）。但因谷子是当时占绝对优势的粮食作物，即使禾字已演化为共名，说禾也就主要意味着稷，而且很可能通俗还是习惯呼稷为禾。

粟、谷二字也有类似情形。《说文》："粟，嘉实也，从卤从米。孔子曰，粟之为言继也。"是说粟原指谷子的籽粒。《孟子·尽心下》"有布缕之征，粟米之征，力役之征"；《战国策·赵策二》"力田积粟"；以及晁错的《重农贵粟疏》都是把粟用作粮食的通称。但《尔雅》犍为舍人注"稷粟也"，又用作谷子的专名。

《说文》："谷，续也，百谷之总名，从禾，殳声。"殳即今壳字。有壳子的粮食，所以呼作谷。续是新谷接旧谷的意思。所以谷和粟在某种意义上是相同的。但谷字偏于用作共名，如言五谷、九谷、百谷；粟虽然也有用作粮食的通称的，但没有说五粟、九粟、百粟的，可见粟字偏于用作专名。但是《吕氏春秋·十二纪》中又把谷字用作禾的专名，《齐民要术》也称为谷而不称禾，至今北方仍称为谷子。

这种现象的发生，只有因为谷子是当时占绝对优势的首要粮食作物，才能由专名转化为共名，以谷子概括其他粮食；反过来，用作共名时，说到粟或谷，又是主要意味着当地首要作物禾的籽粒，如此习俗相沿，又发展成为通称禾为粟、为谷。正如明徐光启在《农政全书》所说："物之广生而利用者，皆以其公名名之，如古今皆称稷为谷也。"

黍和麦在古代北方虽然也很重要，但是没有发生这种专名与共名的互相演化现象。把两种不同情况对照起来看，格外可以看出谷子在北方一直是占绝对优势的首要作物。

在《吕氏春秋·十二纪》中，在登麦后说"尝麦"，登黍后说"尝黍"，对于麻和稻只说"尝麻""尝稻"，没有"登麻""登稻"，独于谷则说"农乃登谷，天子尝新"，其中显然还有轻重之分，谷子最受重视，麦、黍次之，麻、稻又次之。尝新含有新谷接旧谷的意思，在谷子收获时不说"尝谷"而说"尝新"，表示新旧接替的关键就在这里，反映谷子是当时全国粮食供应上起决定性作用的首要粮食作物。

在《吕氏春秋·审时篇》所说六种作物中，禾排在第一位。在《氾胜之书》中，禾最重要。在《齐民要术》中，谷也排在最先，而且《种谷篇》的篇幅远远超过其他作物。

所有这一切，明显地说明，自远古至南北朝，谷子在我国栽培作物中一直占着首要地位。

谷子是北方的主要作物。在南方，稻则是主要作物。古代南方人口很稀，所以稻的总产量远不及谷子之多。东汉以后，南方人口逐渐增加，到南北朝时，南方经济已经颇为繁荣了。但是直到唐朝前期，全国经济重心仍在北方。中唐以后，经济重心开始推向南方。到北宋时，南北人口约为五与二之比，经济重心已肯定地移转到南方。南方经济发展的过程，也是稻的总产量逐渐上升的过程，到北宋时已经上升到高居全国粮食作物的第一位。

另一方面，小麦的栽培在汉以后逐渐向南推广，北宋时苏南已有稻麦两熟制，南宋时在南方大有发展。同时小麦栽培在北方也在不断发展。可能到南宋至元时，全国小麦总产量已经接近或超过谷子了。

玉米和甘薯于明代传入我国，清代传播到全国各省区，成为主要粮食作物之一，现在它们的总产量都已超过谷子。因此，谷子在我国粮食作物中，已由古代的首位退居到第五位；

虽然如此,仍不失为主要粮食作物之一,尤其在北方。

1957年谷子的播种面积,占全国粮食作物播种面积的6.93%,总产量占全国粮食总产量的4.63%。主要产区为黄河流域各省,东北次之。在世界各国中,我国总产量第一;印度次之。

(本文据万国鼎先生手稿)

中国种甘薯小史

甘薯原产美洲,16世纪后期传入中国。

甘薯在初传入中国时,原称番薯。东汉杨孚《异物志》(1世纪后期)和西晋嵇含《南方草木状》(304年)所说甘藷①,是山药一类的东西,而不是番薯。但是明以来往往有人把二者混为一谈,以致番薯占用甘藷之名,而原有甘藷反不知究指何物。我们在这里完全依照现在的通称,称番薯为甘薯。甘薯又有番薯

---

① 杨孚《异物志》:"甘藷似芋,亦有巨魁,剥去皮,肌肉正白如脂肪,南人专食,以当米谷。"嵇含《南方草木状》:"甘藷盖薯蓣之类,或曰芋之类,根叶亦如芋。实如拳,有大如瓯者,皮紫而肉白,蒸煮食之。味如薯蓣,性不甚冷。旧珠崖之地,海中之人,皆不业耕稼,惟掘地种甘藷。秋熟收之,蒸晒切如米粒,仓圌贮之,以充粮糇,是名薯粮。"这里所说甘藷是薯蓣科的Dioscoreaesculenta(lour) Burk。而番薯是旋花科的Ipomoea batatas lam。但《甘薯录》《植物名实图考》等把二者当作一物。唯《农政全书》已分别为二种。一种是闽广原有的山藷,一种是外来的番薯。

蓣、金薯、朱薯、红薯、红苕（亦作红韶）、红山药、白薯、山芋、土瓜、地瓜等称，各地俗名不一。

甘薯于明万历初由长乐人陈振龙从吕宋传入福州。万历二十二年（1594年），福建荒①，振龙子经纶向福建巡抚金学曾建议推广甘薯栽培，因而荒不为灾。经纶四世孙世元还写成《金薯传习录》②。后人又在福州建立先薯祠，祀金学曾，

---

① 万历《福州府志》（1613年）："番薯……郡本无此种，自万历甲午（1594年）荒后，明年都御史金学曾抚闽，从外番丐种归，教民种树，以当谷食，足果其腹，荒不为灾。"乾隆《长乐县志》（1763年）："明万历二十二年甲午大饥，贫民多抢谷。抚院金学曾……又新得番薯种，教民栽种，至今番薯之利大普，咸曰金军门也。"

② 同治《长乐县志》（1820年）卷3《物产》："番薯，明邑人陈振龙客吕宋，购种归，故曰番薯。"又卷16《列传》："陈振龙寄居会城南关外达道铺。万历初，沿海经商至吕宋，见高岗广野，匝地青藤，询之土人，云，此薯也，生熟皆可食。试之，甘而脆，思中国得此或可代糗粮。但夷禁严，种薪弗与，龙啖以利，丐其藤数尺，种之纱帽池旁。子邑庠生经纶，以父所得种，陈六益八利及种法，献之巡抚金学曾，檄所属郡如法栽种。岁大获，民赖之，取名金薯。国朝康熙年间，四代孙以桂带浙江鄞县试种焉，大有成效。其子世元籍闽县贡生，复与余瑞元挈种至山东胶州，胶地早寒，种不易活，世元每岁补运，教以藏种法。随遣长子云、次子燮运至河南朱仙镇及河北等县，三子树由胶州运入京师齐化门外通州一带。所种之处，利倍于谷。迄今食其利者数百年。世元著有《金薯传习录》《捕蝗传习录》行世。"又卷18《艺文》："陈世元《金薯传习录》二卷。世元字捷先，国学生。是书有乾隆戊子（1768年）陈一德序及方廷珪、林龙友、林正焕诸跋。……上卷杂录土宜栽种之法，及吕宋携归至青、豫教种始末，下卷则录歌赋题咏也。"

配以陈振龙及经纶、世元①。但也有人说是先从吕宋传入泉州或漳州,然后向北推广到莆田、福清、长乐的,说法不一②。此时福建人侨居吕宋的很多,可能传入不止一次,也不止一路。传入后发展很快,明末福建成为最著名的甘薯产区,在泉州每斤不值一钱,不论贫富都能吃到。

广东是紧接在福建之后迅速发展甘薯栽培的省份,在明

---

① 光绪《乌石山志》(1883年)卷4:"先薯祠,在海滨四先生祠后,道光十四年郡人何则贤建。上祀先薯(犹先穑之意)及明万历间巡抚金学曾(教民种薯救荒),配以明长乐处士陈振龙(得薯种于外番),振龙子诸生经纶(请种薯于金巡抚),国朝闽县太学生陈世元(著《金薯传习录》)。""乌石山"在福州府城西南隅。

② 明何乔远《闽书》(16世纪后期或稍后):"番薯,万历中闽人得之外国。……度闽而南有吕宋国。……其国有朱薯。……然咨而不与中国人,中国人截取其蔓咫许,挟小盖中以来,于是入吾闽十余年矣。……其初入吾闽时,值吾闽饥,得是而人足一岁。其种也,不与五谷争地,凡瘠卤沙冈皆可以长。粪治之则加大,天雨根益奋满。即大旱不粪治,亦不失径寸围。泉人鬻之,斤不值一钱,二斤而可饱矣。于是耄耆、童孺、行道鬻食之人,皆可以食。饥焉得充,多焉而不伤,下至鸡犬皆食之。"清周亮工《闽小记》(1660年前后):"万历中,闽人得之外国,瘠土砂砾之地皆可以种。初种于漳郡,渐及泉州,渐及莆,近则长乐、福清皆种之。"

末已和福建并称①。徐光启曾说:"闽广人收薯以当粮。"又说:"甘薯所在,居人便足半年之粮,民间渐次广种。"传入途径,也不止一路,其中当有传自福建的(福建漳州和广东是近邻),但也有直接传自外国的。《电白县志》载有医生林怀兰传自交趾,并建有番薯林公庙②。《东莞县志》载有陈益于万历庚辰年(1580年)传自安南③。

江浙引种甘薯开始于明季。徐光启曾作《甘薯疏》大力鼓

---

① 广东万历《普宁县志》(1611年)物产有番芋。崇祯《思平县志》(1636年):"番薯即红薯也,近传于外国,所在山麓种之。"明王象晋《群芳谱》(1621年)说:"一亩种数十石,胜种谷二十倍,闽广人以当米谷。"徐光启《农政全书》(1628年)说:"闽广人赖以救饥。""今北方种薯,未若闽广者。"清吴震方《岭南杂记》(1705年)说:"粤中处处种之。康熙三十八年(1699年)粤中米价踊贵,赖此以活。"

② 道光《电白县志》(1826年):"霞洞乡有番薯林公庙副榜(乾隆己酉,即1789年副榜),崔腾云率乡人建立。相传番薯出交趾国人严禁,以种入中国者死。吴川人林怀兰善医,薄游交州,医其关将有效,因荐医国王之女,病亦良已。一日赐食熟番薯,林求食生者,怀半截而出,亟辞归中国。过关,为关将所诘。林以实对,且求私纵焉。关将曰:今日之事,我食君禄,纵之不忠,然感先生德,背之不义。遂赴水死。林乃归,种遍于粤。今庙祀之旁,以关将配。"

③ 宣统《东莞县志》(1911年)物产引凤冈《陈氏族谱》说:"万历庚辰(1580年),客有泛舟之安南者,陈益偕往。比至,酋长延礼宾馆,每宴会,辄飨以土产薯,美甘。益觊其种,贿于酋奴获之。未几,伺间遁归。以薯非等闲,栽种花坞,久蕃滋,摇唉美。念来自酋,因名'番薯'云。嗣是播种天南,佐粒食,人无阻饥。"

吹，并说："岁戊申（1608年），江以南大水无麦禾，欲以树艺佐其急，且备异日也，有言闽、越之利甘薯者，客莆田徐生为予三致其种，种之生且蕃，略无异彼土。庶几载橘逾淮弗为枳矣。"徐氏在《农政全书》中也有详细讨论。其中有一条说："余从闽中市种北来；秋时用传藤法，造一木桶，栽藤于中，至春全桶携来，过岭分种必活。春间携种，即择传根者持来；有时传藤或烂坏，不坏者生发亦迟，惟带根者力厚易活，生卵甚早也。"可见徐氏在莆田徐生"三致其种"之外，还曾多次向福建采种，努力推广。松江农民经徐光启提倡栽培甘薯后，也很快地积累起自己的经验①。从甘薯传入福建，到徐光启开始引种于淞沪，相隔不过一二十年。到清初江浙已有大量生产②。

其他各省，没有看到明代栽培甘薯的记载。我们查阅了清代乾隆以前的各省方志，有甘薯的记载如下：

台湾康熙《诸罗县志》（1719年）："番薯……种自南夷。……又有文来薯。"康熙《台湾县志》（1720年）："地瓜……内地之人多种之，以佐谷食。近台中亦多。"乾隆元

---

① 王象晋《群芳谱》（1621年）："九月畦种，生卵如著如枣，拟作种，此松江法也。"

② 吴震方《岭南杂记》（1705年前后）："江浙近亦甚多而贱。"

年《澎湖纪略》（1736年）中物产有地瓜。又三十一年《澎湖纪略》（1766年）："番薯，俗名地瓜……今澎人遍地皆种。"地瓜是福建的俗名，可能台湾的甘薯主要是由福建传去的①。

广西乾隆《柳州府志》（1736年）物产："番薯可生食。"乾隆《全州志》（1765年）："番薯……种自番来，今遍地是矣。"又据湖南乾隆《平江县志》（1755年）和贵州乾隆《开泰县志》（1752年）所说，广西早已颇有生产。

江西乾隆《贵溪县志》（1736年）："甘薯，俗名番薯。……山乡多种之。……贵溪先无此，近年得闽种，种者始多。"乾隆《上饶县志》（1744年）："甘薯，一名番薯，种自海外得之。"又据下述安徽乾隆《望江县志》（1768年），江西有甘薯向安徽销售。

湖南乾隆《岳州府志》（1746年）："番薯有红、白二种。平江山中广、福客民多种之。"乾隆《平江县志》（1755年）载，知县谢仲玩《劝种杂粮示》说："两粤农家，多种番薯一物，青黄不接，藉以济荒。今广、福客民迁业来平者移

---

① 盛家廉等所著《甘薯》引日本滨边秀男的《甘薯考》（台湾《农会报》3卷第1期，1941年）说："顺治十八年（1661年）郑成功至台湾时，尚无甘薯，迄道光初年（1821年），由大陆人民大量向台湾移居，此时台南乃栽培甘薯。"按此说不全对，台湾甘薯可能是大陆传去的，但传去的时间应在清初。

植,闻皆畅茂。"

安徽乾隆《望江县志》(1768年):"红薯,一曰番薯,……望邑前令徐斌曾购种谕民遍种,民不为意。近年颇有江右人(江西人)鬻于望地,种于望地者。今邑主郑公复详言红薯之利,并种植之法,令刊布四乡。"乾隆《广德县志》(1792年):"番薯,救荒上品。"

云南雍正《阿思迷州志》(1735年)物产有红薯。乾隆《蒙自县志》(1791年):"红薯、白薯。倘甸人王琼至坝洒携归,教乡人栽种。不论地之肥硗,无往不宜,合邑遍植,价甚廉,遇岁欠即以当餐,六畜皆食之。邻境因效植,其利甚薄。倘甸人德琼,岁祀之。"

四川雍正《四川通志》(1733年):"红薯,崇宁县出。"乾隆《新繁县志》(1743年)物产有番薯。乾隆《大邑县志》(1749年)、《青神县志》(1761年)、《灌县志》(1786年)物产都有红苕。

贵州乾隆《开泰县志》(1752年):"红薯出海上。粤西船通古州,带有此种。训导陈欲兴此利,详悉通禀藩宪温、道宪朱,通行贵州一十二府。前陛县李遵行出示劝民广种在案。"乾隆《玉屏县志》(1762年)物产有甘薯。

湖北乾隆《枝江县志》(1740年)物产有番芋。乾隆《郧西县志》（1777年）物产有红薯。同治《崇阳县志》（1866年）："薯，红、白两种。乾隆初自闽地传来。崇山遍处皆是。……铇丝、切片、屑粉、酿酒、熬糖俱宜。……山民多用以当粮。"又据河南乾隆《汝州续志》（1743年），也说明湖北早已生产红薯。

山东乾隆《泰安府志》（1760年）："番薯，红、白二种。自乾隆十年（1745年）各县奉文劝种于高阜沙地，依法种植，最易生成。啖之可以代食。今所在有之，俗名红芋、白芋，又谓之地瓜。"乾隆《德州志》（1788年）物产有红、白薯。又据福建《长乐县志·艺文志》，编写《金薯传习录》的陈世元"贾于山东，复运种以教青、豫之人"。陆耀《甘薯录》（1750年前后），也是在山东为推广甘薯栽培，辑集王象晋《群芳谱》、徐光启《甘薯疏》、陈世元《金薯传习录》等写成的。

河南乾隆《汝州续志》（1743年）："红薯，曩产海南，渐至闽、广、湖、湘、南阳，植易收广，堪备荒。州守宋名山觅种教种，人获其利，种者寖多。"又陈世元子云、燮二人运种至河南朱仙镇教种。

河北乾隆《宁河县志》（1779年）："薯有红、白二种。良乡、涿州俱有，宜广种植。"乾隆《通州志》（1781年）土产谷之属"红茹、白茹",注:"红白茹二种,于乾隆二十三年(1758年)前督宪饬种,今每年长发利民。"又陈世元子树运种至北京、通州教种。

陕西乾隆十四年《盩厔县志》(1749年)物产有甘薯。又五十年《盩厔县志》(1785年):"红薯,一名甘薯,又名番薯……种皆桂林陈抚军所遗。"又引《恒州偶录》说:"红薯,一名甘薯。……陈榕门先生抚关中日,从闽中得此种,散各州县分种。惟盩、鄠水土相宜,所种尤多。"乾隆《鄠县新志》(1777年):"红薯,此抚军桂林陈公遗者。"乾隆《咸阳县志》(1751年)物产有甘薯。

综合以上所说,关内各省,除福建、广东、江苏、浙江四省在明代已有栽培,山西、甘肃二省未见记载①外,其余十三省都在清初百余年间,亦即在18世纪以前,先后引种甘薯。在这十三省中,台湾、广西、江西可能引种稍早;安徽、湖南紧接在江西、广西之后;云南、四川、贵州、湖北亦不晚,山东、河南、河北、陕西或稍晚,或相先后。根据这些点滴记载,还不能排成一定的先后次序。这些记载和实际情况比较,只有漏记、晚记,没有记载的地区不一定全部没有引种;事实上失载的一定远

---

① 山西、甘肃两省方志查过,没有记载。

多于文献记载。传入和推广的途径是错综复杂的。

19世纪以后,我国甘薯栽培继续有了很大的发展,在不少地区已发展成为当地主要粮食之一,成为"红薯半年粮"。

这种发展不是轻易得来的。相传当时外国不准薯种出境,我们先人曾经从不同国家用不同方法传入祖国。这些传说①不一定可靠,但是古代交通不如今日的便利,从外国引种是有一定的困难的。若不是热爱祖国,关心生产和善于接受新事物,不会千方百计地把薯种传入国内。即如徐光启的从福建引种到上海,千里传藤也不简单。传入后并不自私,有的还设法迅速推广:例如陈振龙及子经纶在福建的推广,经纶三世孙以桂及其子世元,其孙云、燮、树复传其种于浙江、山东、河南、河北;又如徐光启的引种与鼓吹。当甘薯传入福建后很快就能大规模推广,使万历二十二年的荒不成灾。试想推广得如此快,范围如此大,需要多少薯种?同时还需要结合着适合于当地的栽培技术。这显然是通过很多人的辛勤劳动得来的。甘薯在国内各地区之间的传播、驯化和摸索出一套适合于各地区的栽培

---

① 以上附注中已谈过三四起。又徐光启在《农政全书》说:"近年有人在海外得此种。海外人亦禁令不出境,此人取诸藤绞入汲水绳中,遂得渡海。"

技术,并先后在各地培育出许多品种,更是需要付出无数的辛勤劳动。松江在传入不久后,就在栽培技术上创造出所谓"松江法"。在利用方法上,各地也很快地产生多种多样的用途与方法。甘薯含水分很多,容易腐烂,各地就创造出晒干的甘薯片、甘薯丝或小粒子,晒干磨粉或去渣制成净粉,以及井窖贮藏法①等。所有这些,充分表现出我国农民群众的勤劳和无穷智慧。

新中国成立以来,党和政府号召增加高产量粮食作物的生产,甘薯栽培尤其有飞跃的发展。1949年前甘薯的最高年产量为72.89亿斤(以四斤折合一斤原粮计算),1955年已增加到超过300亿斤,1956年超过350亿斤,1958年又倍于1957年。1957年全国栽培面积占各种作物栽培总面积的5.04%;总产量占粮食总产量的9.50%,仅次于稻、小麦、玉米而居第四位。全国除少数地区外,北至黑龙江西至新疆都有生产,产量以四川、山东为最多,河南、广东、湖南、江苏、安徽、河北、浙江、

---

① 农民在实践中的先进经验是说不尽的,但是我们在国内往往习见而不以为奇。例如1953年保加利亚科学院植物栽培研究所所长达斯卡洛夫院士来我国考察,看到我国各地井窖贮藏甘薯,可以保持经年不坏,在各地不同气候和地形条件下,对井窖保温、通风等方面都有轻而易举的方法,认为这是十分可贵的经验。

福建次之,湖北、广西、贵州、云南、江西、台湾、陕西、辽宁又次之,山西、吉林再次之。在世界各国中,我国产量居首位,其次为日本和美国。

(本文据万国鼎先生手稿)

中国种玉米小史

玉米原产美洲,16世纪初传入中国。

玉米即玉蜀黍,各地俗名很多,有御米、玉米粟、玉糜黍、玉麦、御麦、裕麦、芋麦、雨麦、玉谷、禹谷、玉黍、玉秫、玉秫米、御秫米、玉粟、玉蜀粟、玉蜀秫、玉秫黍、玉秫秫、玉膏黍、玉高粱、御高粱、玉芦、芋芦、玉芦稷、玉榴、玉苞谷、苞谷、苞谷米、苞米、苞儿米、苞麦、苞御麦、苞秫、苞胎秫、苞粟、饭苞粟、棕苞粟、苞罗、番麦、番大麦、西天麦、天方粟、观音粟、鸡头粟、珍珠粟、珍珠米、珠米、珍珠果、棒子、须粟、金绦粟、粟米、六谷[①]、穄谷、鹿谷、

[①] 江苏嘉靖《兴化县志》(1559年)物产有"六谷"。浙江乾隆《鄞县志》(1788年)说:"按御麦谷呼六谷,土人谓五谷之外又一种也。"安徽乾隆《广德州志》(1792年)说:"闽、浙、豫章人谓之穄谷。""穄谷"亦见江西乾隆《建昌府志》(1755年)、湖南乾隆《辰州府志》(1765年)。又湖南乾隆《益阳县志》(1747年)说:"玉蜀黍,俗称鹿谷。"穄谷、鹿谷即"六谷"。清包世臣《齐民四术》(1846年)说:"玉黍,一名包谷,一名陆谷。"陆谷亦即六谷。

舜王谷、腰边豹、岭禾等（以上名称均见方志，有些同音异字的，实际是同一名称的不同写法）。

我国关于玉米的记载，最先见于明朝正德《颍州志》（1511年）。①颍州在今安徽省北部，在传到颍州之前，大概已在沿海地区先有栽培，而且记入《颍州志》时，也未必就是传入的当年，可能还在这一年之前。所以很可能在1500年前后就传入中国。

除正德《颍州志》外，明代方志中记载玉米的还有：河北明末②《兴济县志》（1643年以前）、天启《高阳县志》（1622年）；山东万历《平原县志》（1590年）、《诸城县志》（1603年）；河南嘉靖《钧州志》（1544年前后）、《襄城县志》（1551年），万历《温县志》（1577年）、《原武县志》（1594年）、《项城县志》（1599年）；陕西万历《安定县志》（1597年）；甘肃嘉靖《平凉府志》（1560年）、《华亭县志》（1544年前后）、《河州志》（1522年或稍后）；江苏嘉靖《兴化县志》（1559年）、万历《崇明县志》（1604年）；安徽嘉靖《颍州志》（1536

---

① 元贾铭《饮食须知》（1367年前后）虽较早，但不可靠，见本篇末一注。

② 此书是抄本，没有说明写作年代，大概是明代纂修的，清顺治十六年兴济县并入青县。

年)、《六安州志》(1555年),万历《太和县志》(1574年);广东万历《龙川县志》(1579年);嘉靖《广西通志》(1531年);云南嘉靖《大理府志》(1563年)、万历《赵州志》(1587年)。没有方志记载的地区,并不等于那里没有引种玉米,可能那时没有编刊方志,或者没有被方志编写人注意。

明田艺蘅《留青日札》(1573年)说:"御麦出于西番,旧名番麦,以其曾经进御,故名御麦①。干叶类稷,花类稻穗,其苞如拳而长,其须如红绒,其粒如芡实,大而莹白,花开于顶,实结于节,真异谷也。吾乡(杭州)传此种,多有种此者。"可见明代杭州已有栽培,但明代浙江方志中没有记载,最早的记载见于康熙《天台县志》(1683年)。

又据国外文献:"1577年,哈拉达(Martin de Harrada)及若人僧人来福建,致函奥格斯丁派僧人门多萨(Gonzales de Mendoza),内称玉蜀黍在中国栽培甚盛。门多萨遂将此项消息,在1585年发表于罗马。"②可见明代福建已有栽培,

---

① 御和玉同音,可能俗名玉麦,在文人笔下误成"御麦",田氏的"以其曾经进御,故名御麦"的说法不可靠。

② 美国L. Carrington Goodrich所作The West is Responsible,发表于*New China Weekly*,蒋彦士节译其中关于几种农作物传入中国的叙述,题作《中国几种农作物之来历》,见《农报》4卷第12期,1937年4月。

但明代福建方志中没有记载,最早的记载见于雍正《永安县志》(1732年)。

明李时珍《本草纲目》(1578年)说:"玉蜀黍种出西土,种者亦罕。"而且明版《本草纲目》把果穗(即玉米棒子)画在茎秆的顶上,似乎画图的人没有看到实物,或者没有看得真切。李时珍说"苗心别出一包,如棕鱼形",可能这图就是按照李氏的意思画的。又徐光启《农政全书》(1628年)中没有谈论玉米的栽培法,只是在蜀秫(高粱)条下附注说:"别有一种玉米,或称玉麦,或称玉蜀秫,盖亦从他方得种。"这些都反映玉米在明末栽培得还不多。但是根据上文所说,玉米已经传入河北、山东、河南、陕西、甘肃、江苏、浙江、安徽、福建、广东、广西、云南等十二省,分布已很广。

清初五十多年间,到17世纪末(即康熙三十九年)为止,方志中记载玉米的有:辽宁康熙《盖平县志》(1682年)、《辽载前集》(1690年);河北康熙《昌平州志》(1673年)、《香河县志》(1675年)、《柏乡县志》(1680年)、《畿辅通志》(1682年);山东顺治《招远县志》(1660年)、康熙《平阴县志》(1674年);河南顺治《郏县志》(1648年)、《原武县志》(1658年)、《禹州志》(1658年)、《封丘县志》(1659年)、《温县志》(1659年)、《项城县志》(1659

年)、《遂平县志》（1659年）、《河南府志》（1661年），康熙《汝州全志》（1663年）、《辉县志》（1690年）、《原武县志》（1690年）、《阳武县志》（1690年）、《鲁山县志》（1694年）、《伊阳县志》（1694年）、《汲县志》（1695年）、《河南府志》（1695年）；山西康熙《河津县志》（1672年）；陕西康熙《安定县志》（1680年）、《汉南郡志》（1689年）、《洋县志》（1694年）、《山阳县志》（1694年）、《兴安州志》（1695年）；甘肃康熙《隆德县志》（1663年）、《临洮府志》（1681年）、《兰州志》（1686年）、《兰州府志》（1687年）、《狄道县志》（1687年）、《渭源县志》（1688年）、《河州志》（1689年）；江苏顺治《六合县志》（1646年），康熙《松江府志》（1663年）、《清河县志》（1673年）、《崇明县志》（1681年）、《如皋县志》（1683年）、《上海县志》（1683年）、《昆山县志》（1683年）、《六合县志》（1684年）；浙江康熙《天台县志》（1683年）、《前栖里景物略》（1684年）；安徽顺治《肖县志》（1650年）、《太和县志》（1659年）；江西康熙《湖口县志》（1673年）、《定南县志》（1681年）；湖南康熙《零陵县志》（1684年）、《长沙府志》（1685年）；湖北康熙《汉阳府志》（1669年）、《郧西县志》（1681年）、《郧县志》(1683年);四川康熙《筠连县志》(1686年);广东康熙《阳江县志》(1681年)、《电白县志》(1686年)、《阳春县志》(1687年)、《龙川县志》(1688年);广西康熙《桂林府志》(1663年)、《广西通志》(1683年);云南康熙《武定府志》(1689年)、《大理府志》(1694年)、《云南府志》(1696年)、《蒙化府志》(1698年)、《嶍峨县志》(1698年)、《顺宁府志》(1700年)。这些记载玉米的方志,比明代多了辽宁、山西、江西、湖南、湖北、四川六省。

康熙四十年(1701年)以后,记载玉米的方志更多,举不胜举。在上面还没说到的省区中,到1750年为止,记载玉米的方志有:台湾康熙《诸罗县志》(1717年)、《凤山县志》(1719年),乾隆《台湾府志》(1747年);贵州康熙《余庆县志》(1718年)、《思州府志》(1722年)。单就有方志记载的说,玉米栽培至此已遍及二十省。

有人以为,玉米是由阿拉伯人从西班牙带至麦加,由此传至中亚西亚而入中国西北部,或由麦加传至印度而入中国西南部[①]。这种首先由陆路传入中国西北部或西南部的说法,是和

---

① 美国人斯运格尔(Walter T. Swingle)所说,见1933年《美国国会图书馆报告》第119~122页。

事实不符的。

把上述各省最早的文献记载，按年代先后排队：（1）安徽1511年，（2）广西1531年，（3）河南1544年，（4）江苏1559年，（5）甘肃1560年，（6）云南1563年，（7）浙江1573年，（8）福建1577年，（9）广东1579年，（10）山东1590年，（11）陕西1597年，（12）河北1622年，（13）湖北1669年，（14）山西1672年，（15）江西1673年，（16）辽宁1682年，（17）湖南1684年，（18）四川1686年，（19）台湾1717年，（20）贵州1718年。由于方志和其他文献常有漏载和晚载，这些有记载的年代次序，并不能代表实际引种的先后。但是有一点很明显，安徽颍州在1511年以前已栽培玉米，早于甘肃或云南的记载约半个世纪，早于四川一个半世纪以上，早于贵州两个世纪，怎么可以想象玉米先由陆路传到我国西南部或西北部，然后向东传播呢？而且如前面所说，很可能在1500年前后起传入中国，距离哥伦布发现美洲的一年（1492年）不到十年。即使以1511年传到安徽颍州来说，也不到二十年。陆路交通困难，绝不可能这样迅速。另一方面，葡萄牙人于1496年就到爪哇，1516年就来到中国，同时中国人此时侨居南洋群岛的已不少，玉米由海路传入中国是很有可能的。因此我们推断：玉米显然是首先由海路传入我国沿海和近海各省的。

此外还有人根据元贾铭《饮食须知》(1367年前后)中已提到玉蜀黍,而且田艺蘅《留青日札》说"元尚食局有御麦面,恐即今所种之番麦也",认为我国元时已有玉米,远在哥伦布发现美洲之前。甚至根据田艺蘅《留青日札》所说"御麦出于西番"和李时珍《本草纲目》所说"玉蜀黍种出西土",认为是从西方来的,先种在我国西部。因而又有人以为在哥伦布发现美洲之前,亚洲和美洲已有交通,玉米可能早已传至亚洲。这些说法也是和事实不符的。如果玉米早已传入亚洲,亚洲各国历史上不会全无记载,至少在语言风俗上应有蛛丝马迹可寻,但是全没有。贾铭《饮食须知》是摘录诸家本草而成的。玉蜀黍未见于元以前本草。今本《饮食须知》可能已不是贾铭原本,今本卷又在蜀黍条下末了附加"玉蜀黍即番麦,味甘性平",显然是后人加入的[①]。元尚食局的御麦面,可能是因为御用的上好麦面而得名,并无其他证据可以证明就是玉米面。反之,如上文所说,玉米传入我国后迅速推广到各省;如果元以前我国早就有玉米,应

---

① 元贾铭《饮食须知》卷2在蜀黍条末下说:"玉蜀黍即番麦,味甘性平。"按此书《四库全书》谱录类存目。《四库总目》说:"铭,海宁人,自号华山老人,元时尝官万户,入明已百岁。太祖召见,问其平日颐养之法。对云,要在慎饮食,因以此书进览。……书中所载……皆从诸家本草中摘叙成书……然别无出于本草之外者,不足取也。"玉蜀黍未见于元以前本草,显然是后人窜入的,不可靠。

当早已广泛栽培，至少在15世纪以前文献中应有一些明白记载，不会迟到16世纪才引人注意，迟到16、17世纪才突然迅速传播开来。综合世界各国所有资料看，玉米是在哥伦布发现美洲后才传至其他各大陆，16世纪初传入中国。

玉米和甘薯都源出美洲，传入我国后一二百年间都已成为我国主要粮食作物之一，但二者在传播过程上有一种显然不同的现象。关于甘薯的传播，有许多生动的故事：外国禁止薯种出境，我们先人先后设法传入国内；福建、广东、云南等省建立先薯祠、番薯林公庙，或虽不建祠而春秋二季祭祀，来纪念传种人的功绩；陈振龙祖孙六代先后尽力传播，并写有《金薯传习录》；徐光启写有《甘薯疏》大力鼓吹，并多次引种推广，陆灿也为着教种推广而编写《甘薯录》；在解决传播中的困难问题上，徐光启创造千里传藤法，陈世元因胶州地寒，初传入时不能留种，多次从福建运种到山东传种教种。类似这种动人故事的记载，玉米一概没有。甚至甘薯一开始就吸引徐光启的特别注意，在他的《农政全书》中颇为详细地论述了栽培甘薯的方法；而于玉米则仅仅在高粱条下附注说"盖亦从他方得种"，一点也没有谈到栽培方法及其重要性。但是尽管如此，玉米却在默默无闻中早就传入中国，比甘薯早了半个世纪；玉米在明季推广到十二省，而甘薯只有四省。

方志中关于玉米的记载虽很多,大都只是提到物产中有玉米,或者记叙了一些玉米的异名、性状等,对于推广情况的记述只有有限的几条。以下摘录乾隆以前方志中的这一类记载。安徽乾隆《霍山县志》(1776年)说:"四十年前,民家惟菜圃间偶种一二,以娱孩稚,今则延山曼谷,西南二百里,皆恃此为终岁之粮矣。"湖南乾隆《益阳县志》(1747年)说:"近来谷米腾贵,上乡多种之,山人赖以存活。"《楚南苗志》(1750年)说:"苗疆山土宜之,在在多有,而永顺、龙山、桑植、永定一带,播种尤广。连仓累困,春杵炊饭,以充日食,且可酿酒,及售于城市磨粉作糕饼茶果之类,余者饲猪。"《沅州府志》(1757年)说:"按此种近时楚中遍艺之。凡土司之新辟者,省民率系挐入居,垦山为陇,列植相望。岁收子捣米而炊,以充常食。米汁浓厚,饲豕易肥。近水者舟运出粜。市酤者争购以酿酒。且有研碎滤汁为粉,搓揉滤汤成索,以入馔者。水乡岁歉,亦升斗易之以救荒。盖为利多矣。"《桑植县志》(1764年)说:"山谷间遍种之,至秋成熟,每石价不足当粟米之半。山农借为粮,兼以作酒,能贩给他境。"《辰州府志》(1765年)说:"今辰州旧邑新厅居民,相率垦山为陇争种之,以代米,七八月间收其实,春簸以炊,色白而甘,特较稻米稍淡耳。山家岁倚之,以供半年之粮。其汁浓厚,饲猪易肥。肩挑舟运，达于四境。酤者购以酿酒，所谓辰酒者，半是此也。又有研粉为粢者，以粉揉之入汤为索馇以供客。为利甚普。故数十年来种之者日益多。"湖北乾隆《东湖县志》（1763年）说："自彝陵改府后，土人多开山种植。今所在皆有，乡村中即以代饭。兼可酿酒。"广东乾隆《阳山县志》（1747年）说："阳邑山多田少，产谷有限，不敷本地民食，半赖包粟以糊其口。"广西乾隆《镇安府志》（1756年）说："原果属，以食小儿。向惟天保县山野遍种，以其实磨粉为糊，可充一二月粮。近来汉土各属，亦渐多种者。"

其他文献中关于玉米推广情况的记载也不多。到了19世纪中叶，吴其濬在他的《植物名实图考》中说："又如玉蜀黍一种，于古无征，今遍种矣。……川陕两湖，凡山田皆种之。俗呼包谷。山农之粮，视其丰歉。"

上述现象和记载，反映一个很重要的事实。尽管玉米没有像甘薯那样有一些知识分子热心引种推广，还是很快地在我国传播开来，而且引种后能够结合作物特性和当地条件，很快地掌握并提高栽培技术，培育出新品种，创出多种多样的利用方法，因此栽培面积日益扩大。

（原载《作物学报》第1卷第2期，1962年5月）

中国古今粮食作物的变化及其影响

我国有句老话："国以民为本，民以食为天。"人不能没有吃。人口增加，粮食的供应必须跟着增加。反之，如果粮食不能增产，就不可能安全地维持日益增加的人口。

我国人口，估计战国时代已经增加到三千万，汉代最盛时六千万，明代当已超过一亿，清末达四亿多；现在将近七亿，占世界人口总数的四分之一，没有一国人口有我们这样多。

生产粮食是农业的首要任务。试想，要供应七亿人口的粮食，这是何等重大的任务！我国农业所以能担负起这样的重任，是世世代代劳动人民经过艰苦斗争，发挥无穷智慧和投入无数辛勤劳动的结果。粮食生产的内容，在几千年的过程中发生了巨大的变化。回顾一下这变化，了解我们先人的业绩，对于我们现在大办农业、大办粮食是有现实意义的，可以给我们启发和鼓舞。

一、远古至周初的粮食作物

人类可能有一百万年的历史,但是栽培作物的时期至多只有一万年左右。

当人类还没有栽培作物的时候,依靠渔猎和采集野生植物的块根、嫩茎叶、种子、果实等生活。他们贮藏一些食物,以备采集不到的时候吃。干燥的禾本科植物的谷粒最容易保存。有些抛撒在住所附近的谷粒发出了幼芽,长出了人们需要的植物,人们逐渐地观察到这些植物怎样生长起来,久而久之,就自己动手播种。这样就创始了农业。

我国农业起源于新石器时代,大概有六七千年的历史,可能多至一万年。当初栽培的作物,就是禾本科粮食作物。我们已经在新石器时代遗址中发现谷子、黍、小麦和稻,可见我国在开始农耕时就已经栽培这些粮食作物了。在西安半坡村新石器时代遗址中,在住宅、窖穴和墓葬里,都发现谷子壳的遗迹,其中在一个窖穴里有已经腐朽的谷子皮壳多至数斗。可见谷子是当时的主要粮食,而且它的产量已经多到可以有一定的储备了。在别处遗址中也有发现。黍和麦的发现较少。稻的发现地址主要在长江流域。这些迹象反映,我国黄河流域开始栽培作物时，谷子就是首要作物。

商代的甲骨文，是我国现存的最古文字。在甲骨文里，谷子称为禾（𤉢），像谷子抽穗时的植株形；也称为𥞫，这就是稷的原始字。甲骨文的年字，写作𥝩，在禾字下面加了一些须根，像谷子连根拔起形。连根拔起表示收获，用禾的一次收获代表一年，也表明谷子是商代的首要作物。此外，黍在甲骨文中出现的次数特别多，而且商代的统治阶级是饮酒有名的，出土的酒器也很多，酒用黍酿造，也显出黍在商代的重要性。甲骨文中也有麦和稻，但出现的次数不多，显得远不如谷子和黍那样的重要。

周代以稷代表谷神，和社神（土神）合称为社稷，并且以社稷作为国家的代名词。农官也称为后稷，而且周民族自己说他们的始祖弃曾做过后稷，甚至直接称他们的始祖为后稷。稷又是重要的祭祀用谷，《诗经·甫田》作齐，亦作䘩，《毛传》说"器实曰䘩"。郑玄注《周礼·小宗伯》"辨六䘩之名物"说"䘩读为粢"。六粢指六种谷，但因稷是谷类之长，所以统称为粢。这些现象也说明稷必然是当时最重要的粮食作物。

我国习惯称粮食作物为五谷。五谷这一名词的最早记录见于《论语》。这一名词的出现，标志着人们已经有了比较清楚的分类概念，同时反映当时的主要粮食作物有五种。哪五种呢？我们现在能够看到的最早的解释，是汉朝人写的。汉人和汉以后人的解释主要有两种：一种说是稻、黍、稷、麦、菽（大豆）；另一种说法是麻（指大麻）、黍、稷、麦、菽。这两种说法的差别，只是一种有稻而没麻，另一种有麻而没有稻。麻子虽然可以供食用，但是主要是用它的纤维来织布，前一种说法没有把麻包括在五谷里，比较合理。但是从另一方面来说，当时的经济文化中心在北方，稻是南方作物，北方栽培很有限，所以五谷中有麻而没有稻，也有可能。把这两种说法结合起来看，共有稻、黍、稷、麦、菽、麻六种主要作物。

这六种作物在《诗经》中出现的次数如下：

谷子24　　（稷17，粱3，糜2，苣2）

黍29　　　（黍23，秬4，秠2）

麦11　　　（麦7，来2，牟2）

大豆8　　　（菽6，荏菽2）

麻7　　　　（麻7）

稻6　　　　（稻5，稌1）

据上表，黍的出现次数比稷多四分之一，把稷类的粱、糜、苣和黍类的秬、秠，分别归并后，稷仍比谷子多。此外，禾出现七次，其中一部分当作专名用，指谷子。又《魏风·硕鼠》"无食我苗",苗和黍、麦并举,苗当是指谷子的苗。《小雅·黄鸟》"无啄我粟",粟和粱、黍并举,粟也应当是指谷子。若把这些也合并计算,谷子的出现次数就不少于黍了。而且《诗经》中说到黍的,地区都在黄土高原的陕西和山西,只有一处是例外,可见黍的栽培偏于较北的高寒地区。再结合上述关于谷子的情况,就全国来说,黍的重要性远不如谷子。

上述六种主要作物在周初的比重大概如下图:

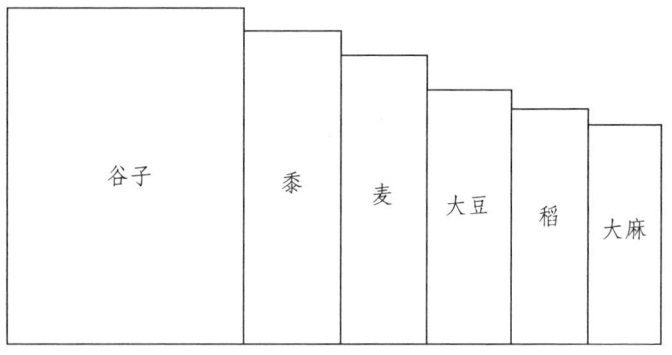

2800年前五谷比重示意图

二、古今粮食种类及其比重的巨大变化

我们现在还往往通称粮食为五谷,但是我国现在栽培的粮食作物种类及其相互间的比重,已经和古代大不相同了。

现在根据1957年的统计,把我国目前栽培的粮食作物,凡是播种面积在2000万亩以上的,按照总产量的多寡排队,列表如下:

	总产量占粮食总产量的百分比(%)	播种面积占粮食作物播种面积的百分比(%)	播种面积占各种作物播种面积的百分比(%)
粮食作物合计	100.00	100.00	76.88
稻	46.90	26.67	20.50
小麦	12.78	22.78	17.52
玉米	11.59	12.36	9.50
甘薯	9.50	6.57	5.04
谷子	4.63	6.93	5.33
高粱	4.13	5.49	4.22
大麦	2.48	4.27	3.24
马铃薯	1.83	1.71	1.31
豌豆	0.97	2.06	1.59

续表

	总产量占粮食总产量的百分比（%）	播种面积占粮食作物播种面积的百分比（%）	播种面积占各种作物播种面积的百分比（%）
糜子（黍）	0.80	1.93	1.48
蚕豆	0.70	1.24	0.95
燕麦	0.54	1.44	1.10
荞麦	0.49	1.86	1.43
绿豆	0.43	1.36	1.04
其他	2.23	3.33	2.63

表中所列的粮食作物，共计十四种。前四种（稻、小麦、玉米、甘薯）最重要，合计占粮食总产量的80.77%。其次是谷子和高粱。再次为大麦和马铃薯。以上八种合计，已占粮食总产量的93.84%。这八种可以说是我国现在栽培的主要粮食作物。此外没有一种作物的总产量占到粮食总产量的1%。

谷子在古代很长一段时期内是最重要的粮食作物，现在已退居第五位。黍在古代也曾相当重要，现在已退居第十位，而且产量不到粮食总产量的1%，实际上已不能算作主要作物了。小麦的重要性，在西周以前远在谷子之下，现在倒远在谷子之上。连引入中国只有四百多年历史的玉米和甘薯，也上升到谷子之上，总产量都是倍于谷子而有余。变化最突出的是稻。稻是不是先秦所说的五谷之一，还不能肯定，但是现在高居第一位，它的总产量已经十倍于谷子，而且在上面所说的八种主要粮食作物中，稻的总产量就等于其他七种作物总产量的合计。这是一种非常巨大的变化。

这里需要附带说明一下：列在先秦五谷之内的大豆和大麻，在这个粮食统计表里不见了。大豆现在仍然很重要，但是不再把它统计在粮食内。大麻子早已不做食用，作为油料作物或纤维作物，也不如古代重要。

这一巨大变化，大体上可以分作三个段落：（1）从春秋到西汉，这时我国经济文化中心显著地在黄河中下游，主要作物都是远古就已栽培的，变化基本上发生在黄河中下游这一广大地区原有作物相互间比重的升降；（2）从东汉到明中叶，有一些新作物从国外引入，但关系不大，变化主要发生于南方经济的开发，稻和小麦的栽培显著发展，终于上升到高居谷子之上，大大地改变了原先的形势；（3）从明中叶到现在，美洲的作物从16世纪初开始传入中国，几种新的高产作物引入后发展很快，特别是新中国成立后大力推广高产作物，使产量大幅度增长，结果形成上表所列的主要粮食产量百分比。我们在下面就分为这三个时期来论述所发生的变化及其影响。

三、春秋至西汉的变化

在这一时期，谷子的首要地位没有变。公元前720年（春秋初年），郑国和周王室冲突，在四月里出兵残害周王室的麦，到秋天又去残害周王室的谷子。明年秋天，诸侯的联军打败郑国，残害郑国的谷子。鲁国于公元前666年谷子和麦受灾，就感到粮食恐慌，请求齐国卖给它。这些史实说明夏季作物主要是谷子。战国末《吕氏春秋·审时》篇中所说六种作物，禾排第一。而且《吕氏春秋·十二纪》中对于其他重要作物收获时，说尝麦、尝黍、尝稻、尝麻，唯独对于谷子，不说"尝谷"而说"尝新"，含有新谷接旧谷的意思，这反映谷子在当时粮食供应上是起决定性作用的。在西汉《氾胜之书》中，也是禾最重要。

谷原是谷类作物的总称，战国时已开始用作谷子的专名。禾原是谷子的专名，粟指谷子的籽粒，则又演化为共名，但有时也用作专名。《孟子·尽心下》"粟米之征"，《战国策·赵策二》"力田积粟"，以及汉初晁错的《重农贵粟疏》，看来是把粟用作粮食通称，但是因为谷子是当时的主要粮食，说粟也就实际意味着主要是谷子。这种专名与共名的互相转化，单独发生在谷子的名称上，也说明谷子是当时占绝对优势的粮食作物。

黍的重要性在春秋战国时代急速地下降了。《诗经》里时常黍稷连称，到了战国时代的书里，被菽粟连称代替了。

麦的发展和黍相反。春秋以后，麦的重要性已超过黍。《春秋》里已只记载谷子和麦的灾。上述春秋初年郑国残害周王室的谷子和麦，鲁国受着谷子和麦的灾就要请求齐国卖给它，也说明冬麦已相当重要。《吕氏春秋·十二纪》中强调劝民种麦，到时不种要治罪。汉武帝也曾劝种冬麦。《氾胜之书》中谈论的作物，禾最详，麦次之，而且栽培技术水平已颇高。大抵战国至汉，麦在北方的栽培似乎已相当普遍，和谷子轮作。

麦是大麦、小麦的总称，但习惯也往往简称小麦为麦。大麦是有稃大麦和稞大麦的总称，但习惯也往往称有稃大麦为大麦，而称稞大麦为穬麦、稞麦或元麦。在青海、西藏以至云南、甘肃等地区有一种稞大麦，称为青稞。大小麦在我国都是远古就已栽培的，但当初通称为麦，没有加以分别。后来别称大麦为麰（最先见于《诗经》①）或大麦（最先见于《吕氏春秋》），而仍称小麦为麦（《吕氏春秋·任地》篇即以大麦与麦二者并列）。最后为便于区别起见，才创造小麦这一名词（最先见于《氾胜之书》）。从这一经过来看，可能当时已是小麦多于大麦。

大豆的重要性，在战国时代有显著的增加。这一时期的文献里时常菽粟连称，反映大豆和粟成为人民的主要粮食。在河南西部，大豆甚至成为主粮（见《战国策·韩策一》）。《氾胜之书》说，大豆保证有收获，容易种；主张农家应当每人种五亩大豆，以防荒年。汉代文献还有指出，麦和谷子或大豆轮作时，可能大豆的播种面积确实不小。大概在战国到汉代这一段时期内，大豆在粮食上的重要性远远超过后世。

据《诗经》和其他周代文献反映，稻在黄河流域的陕西、山西、河南、山东等省都有栽培。战国时魏国引漳水灌溉，开辟稻田。西汉长安附近种稻，武帝打猎踏坏了稻田，昭帝时有稻田使者。氾胜之在关中做农官，在他的《氾胜之书》里谈到

---

① 《诗经·周颂·思文》说"贻我来牟"，又《臣工》说"于皇来牟"，后来虽有人解释为来是小麦，牟是大麦（最先见于三国魏张揖《广雅》），但是《鲁诗》作釐麰，《韩诗》作嘉麰，只有《毛诗》作来牟，而且毛、郑都没有说"来牟"是两种麦，看来只是指一种麰麦，即大麦。

用控制水流的办法来调节稻田的水温,可见栽培技术也已达到颇高的水平。西汉北方兴修了很多水利工程,可能水稻也跟着发展。但是总的说来,稻田在北方所占的比例很小。稻在南方虽是主粮,但此时南方人口很少,就西汉时全国粮食产量来说,稻还赶不上麦和大豆。

此外,还有三种次要作物需要在这里谈一下。

高粱原产非洲中部,什么时候传入中国,现在还不能确定。这一时期的文献里还没有提到高粱。但是近年已在江苏新沂县三里墩西周文化层遗址中发现炭化高粱秆,并有高粱叶的遗迹。在河北市庄村战国赵墓中发现炭化高粱粒。在辽阳三道壕西汉村落遗址中发现炭化高粱粒。在西安西郊西汉明堂建筑遗址中,发现土墙上印有高粱秆扎成的排架的痕迹。从这些出土的东西看来,高粱在西周到西汉这一段时期内已经分布很广,辽宁、山西、陕西、江苏等省都有栽培,而且在某些地区可能产量已不少。

燕麦原产东欧及西亚。我国很早就有栽培。但在名称上有些混乱。《尔雅》"蘥,雀麦",郭璞注:"即燕麦也。"雀麦和燕麦实是两种不同的植物,但古书中多数混为一物。古乐府说"田中燕麦,何尝可获",那是指野燕麦,不是栽培的普通燕麦。一般所称的莜麦,亦作油麦,则是普通燕麦中的稞燕麦（另有皮燕麦）。

绿豆原产我国，这一名词最先见于后魏《齐民要术》，但在秦以前可能已有栽培。秦以前到汉代的书中所说小豆，可能包括绿豆在内。元代《王祯农书》中也把绿豆当作小豆的一种。《氾胜之书》中有小豆栽培法。

以上是就各种粮食的产销总量做比较的，现在再从食用的风俗习惯方面来观察比较一下。

古代以粱肉或膏粱并称，粱是特别好的谷子，膏指肉类，是说富贵人吃的是粱和肉。因此称富家子弟为膏粱子弟，说他们只知享受而不懂事。《论语·阳货》篇中，孔子说："食夫稻，衣夫锦。"《荀子·荣辱篇》以"刍豢稻粱"并举，刍豢指肉食。可见那时粱是统治阶级的常食；粱之外，稻也是珍品。又《仪礼·公食大夫礼》"宰夫设黍稷六簋"（簋是盛黍稷的竹器，外圆内方），另外加馈稻粱各一簋，宰夫设稻，公亲设粱，可见稻粱贵于黍稷，而粱最高。

稷是人民大众的常食。《仪礼·聘礼》记载主国对友邦的使者，在宾馆陈设了一百筥米，其中黍、粱、稻各二十筥，稷独四十筥，说明稷是主粮（供使臣的侍从人员吃）。但稷不是贵人的常食。《礼记·玉藻》"子卯，稷食菜羹"，郑玄注："忌日贬也。"孔颖达疏："纣以甲子死，桀以乙卯亡，以其无道被诛，后王以为忌日。"又孔颖达疏《诗经·良耜》说："玉藻云，子卯稷食菜羹，为忌日贬而用稷，是为贱也，贱者当食稷耳。"

黍比稷珍贵一些。《诗经·周颂·良耜》"其饷伊黍"，郑玄注："丰年之时，虽贱者犹食黍。"又《论语·微子》篇说，荷蓧丈人留子路住宿，"杀鸡设黍而食之"。把黍当作招待客人的好东西。但在贵人，黍也是常食品之一。

《荀子·荣辱篇》以菽藿（藿指豆叶）糟糠并举，并拿来和刍豢稻粱做相反的对比。又在《富国篇》和《天论篇》把"啜菽饮水"作为最俭约的苦生活。《战国策·韩策一》也把"豆饭藿羹"当作吃得很差。而且上述《吕氏春秋·十二纪》中，对于重要作物收获时，说尝麦、尝新（指尝谷）、尝黍、尝稻、尝麻，唯独没有尝菽，因为贵人不用菽来祭祖先，可见当时大豆及豆叶（包括小豆及豆叶）尤其是贫贱人的食品。

但是贫贱人的食品不是不重要，反之，倒是大多数人的主要粮食，所以战国时代常以菽粟连称。

麦在当时食用习惯上，不及粱稻珍贵，而高于菽。西汉史游《急就篇》"饼饵麦饭甘豆羹"，颜师古注："麦饭，磨麦合皮而炊之也。……麦饭豆羹，皆农夫野人之食耳。"又《氾胜之书》说："溲种如麦饭状。"可见麦饭是含有破碎麦粒而呈稠粥状的。这种做法不会很好吃。《战国策·韩策一》说："韩地险恶，山居，五谷所生非麦而豆，民之所食，大抵豆饭藿羹。"那么在古人看来，麦饭虽不及粱米饭、大米饭，还是比豆饭好些。另一种吃法是面食，那时通称为饼，战国时已有饼。麦的受到重视可能因为收获季节上正当旧谷将尽新谷未收的时候；后来面食的发展也帮助促进小麦的推广。

粮食供应是否足够，关系到国家的安危强弱。孔子就曾说过，一个国家必须是足食足兵。秦国采用了商鞅的农战政策，不久成为战国时代的第一强国。汉武帝时的强盛，也是依靠汉初六十多年间的休养生息，重农积粟。

这一时期粮食总产量的增加是很明显的。春秋初年，人比较多的中原还是地旷人稀的，到战国时人口大增。《战国策·赵策三》赵奢说："古者四海之内，分为万国，城虽大无过三百丈者，人虽众无过三千家者。……今千丈之城，万家之邑相望也。"一万户的城还是中等城市，大城市如齐国都城临淄有七万户，韩国的宜阳城方八里，可驻兵十万。较大城市的出现，标志着农村人口的繁庶。估计战国时人口当已达三千万。到西汉后期，人口又增加了一倍。人口的大量增加，是粮食大量增产的明显标志。

四、东汉至明中叶的变化

谷子的首要地位大约一直维持到唐中叶。东汉班固在《汉书·郊祀志》中说:"稷者,百谷之主,所以奉宗庙,供粢盛,人所食以生活也。"这里仍是指出谷子是人民的主粮。直到后魏《齐民要术》里,谷还是排在最前,而且《种谷》篇的篇幅远远超过其他作物。但是因为稻和麦的发展,谷子在全国的比重已在逐渐下降,到了唐中叶以后,至迟到北宋时,稻的总产量终于超过了谷子。

东汉到晋初,西起甘肃,东到山东,以及苏皖的淮北部分,有不少地区兴修水利,增广稻田。其中尤其突出的是曹魏屯田,曾经大力发展水稻。但是这些种稻地区,在整个北方的广大田野上,不过是零星的小片段。真正起到重要作用的,还是要靠南方水稻的发展。

东汉时,南方人口渐多。汉末及西晋以后,北方的长期战乱,使中原人民大量地逃入长江流域。这些南下的人民,不但增加了南方的人力,同时带来了北方的先进生产技术。

但是南方的自然环境及其相应的作物栽培方法,和北方有很大的不同。稻对生长条件和栽培技术的要求也较高。要经过劳动人民长时期地逐渐兴修水利和圩田、梯田，平整土地，改良土壤，才改变了南方农田的面貌，使其适合于水稻的栽培。同时栽培技术也在不断改进。于是种植面积不断扩大，单位面积产量逐步提高，加上水稻本是高产作物，因此粮食产量跟着增加得很快。这样就逐步加速了南方经济的发展和人口的增长。而人口的增加，反过来又加速了水稻的发展。

南朝时长江流域已很繁荣，因而扩大了祖国的经济基础，使唐朝的国力又超过秦汉。中唐以后，全国经济重心已有向南方推移的迹象，到北宋时就肯定移转到南方了。在南方经济的发展中，水稻的大量增产起着主导作用。我们现在虽然没有唐宋时代的粮食统计，但是可以肯定地说，至迟到北宋时，稻的总产量已经上升到全国粮食作物的第一位。因而宋代就有"苏常熟，天下足"和"苏湖熟，天下足"的谚语；明代又有"湖广（今湖南、湖北两省）熟，天下足"的说法。南方农业生产超过北方，对扩大祖国经济基础具有更加重大的意义。

南方原先很少种麦，汉以后逐渐向南推广。《晋书·五行志》说："元帝大兴二年（319年），吴郡、吴兴、东阳无麦禾（这里的禾是指稻说的），大饥。"可见4世纪初，麦在江浙一带已经取得了一定的地位。南宋初年，北方人大批迁徙到长江中下游和福建、广东等省，更加刺激和迅速扩大了麦的栽培。据南宋庄绰《鸡肋编》说："此时一眼看去，连片的麦田，已经不亚于淮北。"这就是说，南方种麦已经不亚于北方了。

麦和稻的生长季节不同，只要安排得好，就可以在同一块田内一年收到稻麦两熟。麦的推广，并不妨碍稻的栽培面积。东汉张衡《南都赋》（2世纪）中，已反映河南南阳一带有稻麦两熟制。北宋朱长文《吴郡图经续记》（1084年）指出江浙习惯于稻麦两熟。

小麦不但向南方推广，同时北方也在发展。元初还创造了麦钐、麦绰、麦笼结合成套的快速收麦器，反映那时确实种麦很多。

因此，我们可以这样推断，到了南宋，全国小麦总产量可能已经接近谷子，或者超过谷子而居粮食作物的第二位。

大麦大概也随同小麦有所推广，但是数量较少。

高粱一名蜀黍，最早见于西晋张华《博物志》（3世纪），但原书早已散失，现在的流传本不可靠。可靠的记载最早见于唐陆德明《尔雅音义》（7世纪前期），但是《唐本草》和唐人诗里都没有提到。宋人诗里才提到蜀黍。元代农书里才谈到蜀黍的栽培法。似乎到宋、元时代才广泛地栽培。金末元初，在北方已经相当重要。

前面说过，近年已在江苏、山西、辽宁、陕西等省发现自西周至西汉的高粱遗迹，证明这些地区已有栽培。为什么隋以前古书中没有提到高粱或蜀黍呢？难道说古代另有名称？三国魏张揖《广雅》（3世纪）中的荻粱、木稷，真的是高粱？曹操曾用辽东赤粱煮粥吃，这赤粱也是高粱？《齐民要术·粱秫》篇所说的粱和秫，也许就是高粱和黏高粱吗？这些问题还有待于进一步的研究。

燕麦的栽培，在这一时期似乎还是很少。文献中虽一再提到，但极少谈到栽培和食用。《齐民要术·大小麦》篇有种瞿麦法。瞿麦像石竹，是石竹科的多年生草本植物，不是谷类作物。但据《齐民要术》所说性状来看，可能就是燕麦。郑樵《通志》和《日华本草》也都说过瞿麦一名燕麦。

绿豆的栽培，在这一时期有明显的发展。《齐民要术》中广泛地用作绿肥作物。元明两代的书中说，南北都有绿豆，北方最多，用途很广，可做豆粥、豆饭、豆泥，可以炒食，磨粉做面食，做粉丝、粉皮、豆芽菜等。

此外有三种次要的粮食作物是这一时期传入中国内地的。

荞麦原产黑龙江至贝加尔湖一带。我国最早谈到荞麦的是《齐民要术》的《杂说》，但《杂说》不是贾思勰的原文，是后人加入的；《齐民要术》本文中没有荞麦，可能贾思勰还不知道荞麦。今本《玉篇》虽有荞"音桥，麦也"，但今本不是顾野王在梁大同九年（543年）所写的原书，而是迭经唐宋人增改的。此外，最先见于唐初的孙思邈《千金要方》（7世纪）。其后唐人诗中就一再提到。可见荞麦是在唐初以前不久传入中原的，并在唐代已有推广。宋元间有进一步的发展。元《王祯农书》（1313年）说："北方山后诸郡多种。……风俗所尚，供为常食。然中土南方农家亦种，但晚收磨食，溲作饼饵，以补面食。饱而有力，实农家居冬之日馔也。"

豌豆原产地中海沿岸。有人以为《尔雅》所说"戎叔谓之荏菽"是指胡豆，也就是豌豆。这话是错的，荏菽是大豆。豌豆这一名词最先见于《广雅》（3世纪），又名豍豆。豍豆在东汉《四民月令》（2世纪）中已有记载，可见至迟在汉代已传入中国。元代农书中强调豌豆最能耐陈，收获多，一岁中成熟最早，近城市的还可以摘豆角卖，鼓励多种；并说山西人用豆掺上少量的麦混合磨成面，可做饼饵，不问凶年丰年，都可食用，实在是救济饥荒的宝贝。

蚕豆原产里海以南和非洲北部。我国明代以来的书中相传：蚕豆是张骞通西域时传入中国的。这完全是后人的推测，没有根据。古书中往往把豌豆和蚕豆相混，《王祯农书》中所说的蚕豆，实际上是豌豆，不是我们现在所说的蚕豆。确指蚕豆的记载，最先见于北宋宋祁《益部方物略记》（1057年），叫作佛豆。现在四川仍称为胡豆,发音和佛豆极相像。蚕豆这一名词,最先见于南宋杨万里(1124—1206年)的诗序中。从我国的一些古书记载来看,蚕豆可能在宋初或宋以前不久传入我国,最先栽培于西南四川、云南一带,元明间才广泛推广到长江下游各省。

五、明中叶到现在

现在的八种主要粮食作物中,玉米、甘薯、马铃薯三种是明中叶以后传入中国的。

玉米即玉蜀黍,各地俗名很多,有番麦、玉麦、玉黍、苞谷、苞芦、棒子、珍珠米等名称;还有叫作六谷(也写作陆谷或鹿谷)的,意思是说五谷之外的又一种谷。

玉米原产美洲,怎样传入中国,西方学者有不同的推测,有人以为是从中亚传入中国西北部,或从印度传入中国西南部,然后向东传播到各省。这种推测是不符事实的。他们不知道我国各省府县志中保存着丰富的有关玉米的记载。

我国关于玉米的记载,最先见于明正德《颍州志》(1511年)。颍州在今安徽省北部。玉米传到颍州之前,大概在沿海地区已有栽培,而且记入《颍州志》时,也未必就是传入的一年,可能还在这一年之前。所以很可能在1500年前后就传入中国,距离哥伦布发现美洲的一年(1492年)不过十年。这样就不可能先从交通困难的陆路传入我国西北或西南。

根据各省通志、府县志和其他文献的记载,玉米在明代(到1643年为止)已经传播到河北、山东、河南、陕西、甘肃、江苏、安徽、浙江、福建、广东、广西、云南等十二省。清初五十多年间,到17世纪末(即康熙三十九年)为止,方志中记载玉米的比明代多了辽宁、山西、江西、湖南、湖北、四川六省。1701年以后,记载玉米的方志更多,到1718年为止,又增加了台湾、贵州两省。单就有记载的来说,从1511年到1718年的两百年多一点的时期内,玉米在我国已经传遍二十省。

以上是就各省引种的时期说的。在一个地区的栽培,由偶尔种几株发展到成为主要粮食作物,也往往显得很迅速。例如安徽乾隆《霍山县志》(1776年)中记载,四十年前,人们只在菜圃里偶然种一两株,给儿童吃,现在已经延山蔓谷,西南二百里内都靠它做全年的粮食了。

甘薯原产美洲,最初传入中国时称为番薯。后来不知哪一个或哪些人开始称它为甘薯,因而和东汉杨孚《异物志》和西晋嵇含《南方草木状》所说的甘藷混淆起来了;其实那是山药一类的东西,不是我们现在所说的甘薯。现在所说的甘薯,是专指番薯说的,又有红薯、红苕、山芋、地瓜等名称。

明万历二十一年(1593年),福建长乐人陈振龙在吕宋(即今菲律宾)经商,看到甘薯,心里想传入祖国可以代粮食,用重价买得几尺薯藤回国(因为吕宋不准薯种出口),在福州城外试种。万历二十二年,福建大荒年,就依靠大种甘薯度过了灾荒。但也有人说是先从吕宋传入泉州或漳州,然后向北推广到莆田、福清、长乐的。当时福建人侨居吕宋的很多,可能传入不止一次,也不止一路。传入后发展很快,明末福建成为最著名的甘薯产区。

广东是紧接在福建之后迅速发展甘薯栽培的省份,在明末已和福建并称。传入途径也不止一路,有传自福建的,也有直接传自外国的。

江浙的引种开始于明末,徐光启曾作《甘薯疏》大力鼓吹,并多次从福建引种到松江、上海。到清初,江浙已有大量生产。

其他各省,没有看到明代栽培甘薯的记载。我们查看了清代乾隆以前的方志,关内各省,除山西、甘肃外,都已在清初一百余年间(到1768年为止)先后引种甘薯。以后仍在继续发展。先后在不少地区成为主粮之一,因而产生"红薯半年粮"的谚语。

马铃薯原产南美。哥伦布发现美洲后传入欧洲,不久在爱尔兰大为发展,成为当地的主要粮食,因此也称为爱尔兰薯。在我国也称洋芋,在山西俗称山药蛋,广东叫作荷兰薯或爪哇薯。

福建康熙《松溪县志》(1700年)所说马铃薯,是我国文献中的最早记录。其次是湖北乾隆《房县志》(1788年)所说的洋芋。此外据西方文献,有人于1650年(顺治七年)在台湾看见过马铃薯。

到了19世纪中期,吴其濬《植物名实图考》说:"阳芋黔滇有之。……盖即黄独也。疗饥救荒,贫民之储。……山西种之为田,俗呼山药蛋,尤硕大,花白色。闻终南山氓种植尤繁富者,岁收数百石云。"这里阳芋实是洋芋的别写,而且误以为就是黄独。但从此可见,马铃薯当时在某些地区栽培已相当多。又黄皖《致富纪实》(1896年)说:"洋芋出俄罗斯。最宜高寒,亦能耐旱。……三月种,五月熟。取子再种,七月又熟。又种,九月又熟。粟米岁可两收,此与绿豆皆一岁三收。"

从以上所说来看,马铃薯和甘薯一样,也是最先传入南洋群岛,再由此传入我国,其后还继续由不同途径传入,有由北路从俄国传入的。但是有一点很突出,甘薯和马铃薯都是源出美洲的薯类,而甘薯传入我国那样早,传播那样快,马铃薯则传入晚得多，推广也比较慢，直到近百年才有较快的发展。在日本也有类似的情况。可是在欧洲则盛产马铃薯，而甘薯却少得多。为什么？这是因为甘薯适合于温暖地区的栽培；而马铃薯适合于高寒地区的栽培，而且在南方留种容易退化。

明末宋应星《天工开物》（1637年）说："今天下育民人者，稻居什七，而来、牟、黍、稷居什三。"又说："四海之内，燕、秦、晋、豫、齐、鲁诸道，丞民粒食，小麦居半，而黍、稷、稻、梁仅居半。西极川、云，东至闽、浙、吴、楚腹焉，方长六千里中，种小麦者二十分而一，磨面以为捻头、环饵、馒首、汤料之需，而饔飧不及焉，种余麦（指大麦、稞麦）者，五十分而一，间阎作苦以充朝膳，而贵介不与焉。穬麦独产陕西，一名青稞，即大麦，随土而变，而皮成青黑色者，秦人专以饲马，饥荒人乃食之。"结合起来说，稻占全国粮食总产量的70%，小麦占15%多一点。这一对稻和小麦比重的估计可能是偏高的，但是毫无疑义地反映当时稻在粮食作物中高居首位，小麦居第二位。此时玉米和甘薯传入不久，栽培还很有限。

玉米和甘薯的广泛栽培和总产量的大量增加，开始于清代乾隆以后（18世纪中期以后）。新的高产作物的大量生产，会使稻、麦在全国粮食总产量中所占百分比降低，但是并不影响稻、麦总产量的绝对数。因为玉米和甘薯适于旱地，不和水稻争地；又是夏季作物，不和小麦争地，它们的推广，并不影响稻、麦的栽培面积。这样就等于在原有的强大队伍的基础上，额外增添了强有力的生力军，使全国粮食总产量大踏步地上升。

清初人口一亿多，乾隆初年超过两亿，乾隆末已近三亿，清末达四亿多。如果粮食生产不能大量增加，人口绝不可能增加得这样多而快。粮食增产的因素很多，清初以来的粮食增产当然不是单靠新的高产作物的引种，稻、麦等原有作物的增产所占比重可能还比较大些，但是玉米、甘薯等新作物的额外大量增加，必然也起了不可忽视的重大作用。

1840年以后，我国处于半殖民地半封建社会，遭受帝国主义和封建统治的双重压迫与剥削，水利失修，灾荒频仍，农村破产，粮食生产受到摧残，以致一度变为突出的米入口国。新中国成立后迅速恢复生产，扭转了这一趋势，并出现大幅度的粮食增产。

稻在新中国成立前的最高年产量是1146亿斤，1949年是972亿斤，新中国成立后到1951年已超过新中国成立前的最高年产量，1958年增加到倍于新中国成立前的最高年产量。现在全国各省区都生长水稻，根据1957年的统计，长江流域各省和上海市的产量，占全国总产量的66.21%；福建、广东、广西、云南、贵州五省区占28.31%；黄河流域和东北、内蒙古、新疆占5.83%。南方是稻的主要产区，但北方近年的发展也很快。在世界各国中，印度的稻田面积曾居首位，1958年我国水稻播种面积已超过印度，总产量更是遥遥领先。

小麦于1949年总产量不及美国的一半，1958年已超过美国而居世界第二位（苏联第一）。现在全国各省区都有小麦栽培，根据1957年统计，河南、山东最多，其次是河北、陕西、江苏、安徽、湖北、四川、甘肃、山西，再其次是黑龙江和新疆。

玉米在新中国成立前夕约有一亿亩；1957年已达两亿亩以上，各省区都有栽培，河北总产量最多，四川、黑龙江、山东、辽宁次之，吉林、云南、河南、贵州又次之。在世界各国中，我国总产量居第二位，美国第一，苏联第三。

甘薯在新中国成立后尤其有飞跃的发展，1955年的产量已经增加到新中国成立前最高年产量的四倍以上，1956年和1957年接近五倍。现在全国除个别省区外，都有栽培，四川、山东总产量最多，河南、广东、湖南、江苏、安徽、河北、浙江、福建次之。在世界各国中，我国总产量最多，日本、美国次之。

谷子现在虽已退居第五位，但因现在全国人口和粮食总产量比古代多得多，粮食作物的播种总面积扩大了，每亩产量提高了，因此谷子总产量的绝对数，可能比它在古代占首位时的总产量还要多些。现在黄河流域各省仍是谷子的主要产区，东北次之。我们至今流传着这样的佳话：在解放战争中，解放军用小米加步枪，消灭了美帝国主义竭力支持的国民党反动派飞机加坦克的400万反动军队。新中国成立初期北京各机关学校的工资，也是用小米计算的。单举这两点就足以说明谷子在北方仍然很重要。在世界各国中，中国的总产量最多，印度次之。

高粱现在是东北和华北部分地区的主粮，东北栽培最多，华北次之，安徽、江苏、四川、内蒙古、湖北、甘肃、湖南、江西等省区也有栽培。在世界各国中，印度的高粱栽培面积最多（在印度仅次于水稻），我国第二。

大麦现在的主要产区是长江流域各省及河南、山东，这一地带的冬大麦（包括元麦）播种面积占全国大麦总面积的60%以上，产量占全国大麦总产量的65%以上。春大麦分布于北部冬季较冷的地区、农牧区和一年一熟的山区，包括东北、内蒙古和西北。青藏高原的青稞，是当地人民的主粮。

马铃薯在1949年前的栽培面积，据《申报年鉴》的估计，1933年还只有500多万亩，1949年后到1959年已超过3000万亩。现在西北黄土高原和内蒙古高原栽培最多（约占50%），东北次之（约占35%）。

豌豆现在全国各省区都有栽培，四川生产最多，河南、湖北、江苏、云南、陕西、山西、山东次之。在世界各国中，苏联的栽培面积最多，我国第二。

黍现在主要分布于河北、山西的北部以及内蒙古、宁夏、陕西等省区；以内蒙古为最多，约占全国黍的播种面积的32%，占内蒙古粮食作物播种总面积的14%~16%。1953年春，我曾到郑州西面的荥阳县去做生产救灾工作，当时从山西调来很漂亮的黍子，但是群众说，若是能调来玉米或高粱多好啊。河南已不习惯于吃黍子。

蚕豆现在的主要产区是南方水稻区，四川最多，云南、湖北、湖南、江苏、浙江等省次之。在世界各国中，我国栽培最多。

燕麦据1956年统计，内蒙古播种面积最多（占全国的38.8%），河北（20.7%）、甘肃（15%）、山西（14.7%）次之。在内蒙古北部，燕麦播种面积约占作物播种总面积的35%，在谷类作物中居第一位。

荞麦现在南北各地都有栽培，但比较分散，播种面积因年而异，变化较大；以华北、东北、西北栽培较多，西南各省的山区和江南水稻区也有不少栽培。在世界各国中，苏联生产最多，我国第二。

绿豆现在的主要产区仍在北方，河南、河北、山东、安徽等省生产最多。在河南西部，绿豆和玉米间作，成为当地人民的主粮之一。在世界各国中，我国栽培最多。

六、变化的规律和展望

在我国历史上，粮食生产有时因为自然的或人为的灾害而减产，但是总的趋势是逐渐增加的，是波浪式地向前推进的，而且总产量有了非常巨大的增加。

粮食总产量的巨大增加，是和古今粮食种类及其比重的巨大变化相结合着的。在这变化中，有一种趋势很明显，就是高产优质的作物，在长途竞赛中，逐渐赶上并超过比较差一些的作物而继续跑向前面；最突出地表现在水稻由古代的次要地位而发展到高居粮食作物的首位。

粮食的大量增产，还得力于新的高产作物的发展并不影响原有高产作物的生产。在小麦的向南推广中，形成稻麦两熟制而不和水稻争地，大大提高了复种指数和单位面积的年总产量。玉米和甘薯适于旱田、山地，也不和水稻争地，这样就不但便利于新作物的推广，而且是另外增辟的高产作物的栽培面积，更加加速了粮食总产量的增加。

在上述作物种类及其比重的变化中，不是粮食作物自己在竞赛，而是出于农民的选择和培养。一种作物的高产优质，虽和作物本身的生物学特性有关系，但是必须通过精耕细作的栽培，包括改良品种和给作物以最适宜的生长条件，才能做到高产优质并继续前进。

西汉贾让在公元前6年就说过，如果把原来种谷子和麦的田改成水稻田，可以提高单位面积产量五倍到十倍。但是水稻对生长条件和栽培技术的要求较高，即使从贾让的时候算起，也还经过上千年的努力，兴修水利，修建梯田、圩田，改良土壤，以及改进品种和栽培技术，才使水稻的总产量超过谷子和麦而高居粮食作物的第一位。

玉米和甘薯的发展比较快，突出地表现出我国农民善于吸收利用新作物。在甘薯的引入和传播中，还表现出我国人民热爱祖国、关心生产，千方百计地把薯种传入国内，并尽力鼓吹推广。同时也由于我国农业的精耕细作传统到明末已经有了高度的发展，因而能够很快地掌握并提高新作物的栽培技术，而且还创造出多种多样食用和加工方法，在窖藏甘薯的方法上尤其显出我国农民的智慧。1953年保加利亚科学院植物栽培研究所所长达斯卡洛夫院士来我国考察，看到我国各地井窖贮藏甘薯，可以保持经年不坏，在各地不同的气候和地形条件下，对井窖保温、通风等方面,都有轻而易举的方法,认为这是十分可贵的经验。这些利用和贮藏方法,也有力地帮助促进新作物的推广和继续发展。但是即使像玉米和甘薯发展比较快的作物,也还须经过四百多年的努力,尤其是新中国成立后党和政府大力提倡多种高产作物,特别加速了玉米和甘薯的发展,才能达到现在这样的规模。可见这些成绩不是轻易得来的。

从以往的历史展望未来,粮食增产的潜力是无穷的。我国农业有精耕细作的优良传统,这是粮食增产的有利基础,但是还远没有充分发挥其效能。品种的改良,轮作、复种、套作、间作、混作的适当安排,农业的机械化、电气化和农田水利等基本建设,肥料的增加,病虫害的防治,尤其是我们现在还有大量低产田待改良,未垦地待开垦,如此等等,无穷广阔的增产途径摆在我们面前。

(本文据万国鼎先生手稿,1962年8月10日)

申论稷是谷子
——并答胡锡文先生

我在《五谷史话》一文中说稷是谷子,胡锡文先生写了一篇《对"谷子即稷"的商榷》,反对稷即谷的说法。为此,我写这篇文章,与胡先生商榷。

稷是什么?唐以前认为稷是粟,亦即是禾,是谷,就是现在北方通称的谷子,去壳曰小米。苏恭《唐本草》开始创立稷是穄说,穄即黍之不黏者;经明李时珍《本草纲目》的宣扬而此说大张。清程瑶田又掀起稷是高粱说的高潮,风靡一时。还有清黄皖创立稷是玉米说。

现今对稷是玉米说始终没有人附和;稷是高粱说只剩下沿用在《辞源》以至《汉语词典》《新词典》一个系统内的微弱的尾声;稷是粟说也只有少数人还在坚持;稷是穄说几乎像是取得最后的胜利,不但字书如《辞海》《新华字典》采用这一说,所有重要植物学和作物学书中全都采用这一说。但是如果稷是黍之不黏者，对我国农业发展史上一些重要问题无法解释。

我也曾一再盲从过。我在1925年至1926年间编写《新桥字典》（中华书局出版）时，受了《辞源》的影响，以为稷是高粱。1930年写《商民族之农业》（见《金陵光》17卷1期）一文时，受了《本草纲目》和《植物学大词典》的影响，改从稷是黍之不黏者的说法。其后读书渐多，觉得前两说都不对，唐以前通行的稷是粟说才是正确的。这问题经过唐以来一千数百年间很多人的纷纷议论，确实容易使人迷惑。现在几乎积非成是，以假乱真，需要彻底清理一下。但是说来话长，在这篇短文里只能主要对胡先生提出的论点择要讨论，其余略说大意。

胡先生首先肯定稷是黍之不黏者，然后单从《诗经》来看，"记载有黍、稷的诗歌比禾（粟）多得多"，证明当时占首要地位的作物是黍而不是谷子；到了战国时代，由于栽培技术进步，谷子才跃居于黍之上。这种说法是不符合事实的。

我国农业起源于新石器时代。在西安半坡新石器时代遗址中，不论在住宅、窖穴和坟墓里，都发现谷子壳的遗迹，并在一个窖穴里发现腐朽的谷子壳多至数斗。可见谷子是当时的主要粮食，而且它的产量已经多到可以有一定的储备了。在别处遗址中也有发现。黍和麦的发现较少。稻的发现地址主要在长江流域。这些迹象反映，我国黄河流域开始栽培作物时，谷子就是首要作物。

在甲骨文里，禾字写作🌾，像谷子抽穗时的植株形；年字写作🌾，在禾字下面加了一些须根，表示谷子连根拔起。也就是用谷子的一次收获代表一年。这就充分表明谷子是商代的首要作物。

从新石器时代仰韶文化初期到商末，大概有两三千年的历史。我们先人在黄河流域已经把谷子当作首要粮食作物种了两三千年，怎么能想象到西周时反而不能多种谷子，而只能种对栽培技术要求较低的黍呢？

据《左传》，公元前720年，郑国和周王室冲突，在秋天出兵残害周王室的谷子。翌年秋天，诸侯联军打败郑国，残害郑国的谷子。又据《春秋》，鲁国于公元前666年谷子和麦受灾，就感到粮食恐慌，请求齐国卖给它。这些史实也说明春秋初年河南、山东一带的夏季作物主要是谷子。怎么可以说到了战国时代栽培技术进步才能多种谷子呢？

胡先生说："稷即粟的说法，是魏、晋训诂学家孙炎、郭璞提起的。……错误地把稷、粟两种作物等同起来，从而引起名、物上的混淆。"这话也和事实不符。

《左传》桓公二年，唐孔颖达引犍为舍人《尔雅注》说："粱一名稷，稷、粟也。"犍为舍人是西汉武帝时人，比曹魏早了四个世纪。怎么能认为稷即粟说是曹魏训诂学家才提起的?

此外还有许多资料可以间接对证,兹略举数例于下:

《尚书大传》(西汉优胜遗说,其徒欧阳生、张生等撰,前2世纪)说:"主春者张,昏中,可以种谷。"《淮南子·主术训》(西汉刘安撰,前2世纪)说:"昏张中则务种谷。"《尚书考灵曜》(1世纪前后)说:"主春者鸟星,昏中,可以种稷。"(《礼记·月令》正义引)张星即鸟星,南方朱雀之宿,三月昏,中于南方。可见三书所说,同属一事,而或作谷,或作稷,可见稷就是谷,也就是粟。

《吕氏春秋·季夏纪》(战国末,前3世纪)说:"中央土……食稷与牛(稷牛皆属土)。"《内经素问·金匮真言论》(前3世纪前后)说:"中央黄色……其谷稷。"《淮南子·地形训》说:"中央宜禾。"这里是以五谷配五行,中央之谷或作稷,或作禾,可见稷就是禾,也就是粟。

五谷是什么?汉及汉以后人的解释主要有两种:一为稻、黍、稷、麦、菽,一为麻、黍、稷、麦、菽。《内经素问·金匮真言论》所说五种谷同于前一说。《吕氏春秋·十二纪》所说五种谷同于后一说。《史记·天官书》"凡候岁美恶"(预测年岁好坏)下面所说五种作物,也是麦、稷、黍、菽、麻,同于后一说。谷子是当时首要作物,不可能不包括在五谷之内，显然这里也是意味着稷是谷子，也就是粟。

可见不但西汉训诂家就说稷是粟，战国至西汉书中也都是这样了解的。怎么能说魏晋训诂学家凭空捏造，错误地把稷、粟两种作物等同起来从而引起混淆呢？

胡先生说，甲骨文中"却未见到禾即稷或稷即禾的记载。……禾与稷二字的字形也大不相同"。甲骨文卜辞不是字典，怎么能要求它有"禾即稷"的记载呢？但从字形却可以辨别稷是禾还是黍之不黏者。

现在的黍、稷二字是后来的变体，要看原始字形，应当追溯到甲骨文。黍字作 ɡ̌ 、 ⵟ 、 ⵕ ，稷①字作 ⵕ 、 ⵕ 、 ⵕ ，各有不

---

① 原编者按：此处所论及的"稷"字甲骨文字形问题，确实是有争议的，以是否散穗来区分黍和稷并不是学界的共识。中国科学院考古研究所编辑：《甲骨文编》（北京：中华书局1965年版）中收录的黍字甲骨文字形包括了万国鼎先生上列举的黍字甲骨文字形，但《甲骨文编》中将万国鼎先生列举的稷字甲骨文字形归为粟字，并没有稷字的甲骨文字形收录。刘兴隆著《新编甲骨文字典》（台北：文史哲出版社1997年版）中，则将上文万国鼎先生列举的稷字的甲骨文字形，归为齋字，"像禾谷四周有籽实形。即现在的小谷子。或译作粟，粟是子实，本非庄稼名，……《说文》之齋、穧、稷三字实为同音一字也"。《新编甲骨文字典》中将齋、穧、稷三字归为"同音一字"，因此，《新编甲骨文字典》归类的黍和稷的甲骨文字形与万国鼎先生列举的这两字的甲骨文字形一致。但李宗焜编著《甲骨文字编》（北京：中华书局2012年版）和刘钊编纂《新甲骨文编》（福州：福建人民出版社2014年版）中，都没有按是否散穗来区分黍、稷，万国鼎先生上文列举的黍和稷两字的甲骨文在《甲骨文字编》和《新甲骨文编》中都归入黍字，两本书中都没有稷字的甲骨文字形收录。

同写法，还没有定型；但是不论写法有怎样不同，黍字都清楚地表示出散穗的形象，稷字都清楚地表示出狗尾形穗的形象，正好抓住两种作物不同穗型的关键性的区别，形成鲜明对照。这里最清楚不过地指出，稷是谷子而不是黍之不黏者（黍之不黏者也是散穗）。而且稷字是在禾字的基础上加几点，更可见稷是禾而不是黍类。

《诗经·小雅·楚茨》说："我黍与与，我稷翼翼。"与与，形容黍穗分枝繁多而丰盛。翼翼，形容谷子穗的一个个显明独特，如鸟张翼。这也明白地表明稷是谷子而不是黍之不黏者。

周代以稷代表谷神，和社神（即土神）合称为社稷，并且以社稷作为国家的代名词。农官也称为后稷，而且周民族自己说他们的始祖弃曾做过后稷，甚至直接称他们的始祖为后稷。这必是因为稷是当时最重要的作物。那么，稷也应当是谷子。

禾与稷原是谷子的专名。到了人们需要表示概括的概念时，就用"禾"字来概括其他粮食作物如黍、稻等。于是禾字逐渐由专名演变为共名。但是因为谷子是当时占绝对优势的粮食作物，即使"禾"已演化为共名，说禾也就主要意味着稷，而且很可能通俗还是习惯呼稷为禾。同样，粟原指稷的籽粒，后来演化为粮食的通称；但因稷是主要粮食，说粟也就主要意味着稷的籽粒，甚至演化为通俗即呼稷为粟。谷原是各种谷类的总名，也因为同样原因，说谷也就主要意味着稷，甚至演化为通俗即呼稷为谷。《吕氏春秋》中已见呼稷为谷的开端，《齐民要术》正式用谷为专名，至今北方仍称为谷子。这种专名与共名的互相转化，完全是因为稷是占绝对优势的首要作物。黍和麦在古代北方虽然也很重要，但是远不及稷，因此没有发生专名与共名互相转化的现象。

名词本是人与人交换意念的符号。同物而有异名，大概叫的人越多越占势力。通俗的名称，常是绝大多数人所用的名称。因此，稷虽曾是谷子的专名，逐渐为禾、粟、谷所代替；久而久之，稷变为仅仅是一个书本上的名词。

六朝以来，南方经济发展。南方人不明了北方所产生的谷物，以致陶弘景不识稷米，会在《名医别录》中把稷米和粟米误列为两种，并且说了不少错误和疑惑的话。

苏恭《唐本草》主要根据陶弘景的话，加上穄、稷二字的字音相近，因此得出结论，稷就是穄。把陶弘景的错误和疑惑的话作为立论的根据，那么结论还有多少可靠性呢？

《说文》："穄，䵖也，似黍而不粘者，关西谓之䵖。"又说："䵖，稷也。"如果穄就是稷，也应当说"稷，穄也""穄，稷也"，但是没有这样说；又《说文》说"秫，稷之粘者"，没有说黍是稷之黏者，或稷是黍之不黏者，也没有说"黍，秫也。秫，黍也"。显然黍穄是一类，稷秫另是一类。穄不是稷。《齐民要术》在《种谷》篇说"谷，稷也，名粟"；又别有《黍穄》篇。即使在《名医别录》中，也还保存此种区别，没有把穄和稷混同起来。

穄、稷二字在有些地区读音极相似，穄字不常见，因此口语中的穄，在一般读书人笔下可能误写作稷。但也有发音截然不同的地区，程瑶田《九谷考》说："曲阜……稷、穄二字迥别，民间呼穈子为穄，无呼稷者。"而且黍、秫二字的发音更加近似，能说黍就是秫吗？稻之不黏的叫作稴（见《说文》，现在叫作籼），黏的叫作稬。稴、籼也和稷、穄音近；稬像是奴、儒的音变，也和黍、秫音近。儒是柔和、柔软的意思。不论小米、黄米、大米，黏性的总是比较柔软，所以命名时采取秫、黍、稬一类的字音。柔软的反面是坚硬，不黏的总是比较坚硬，所以不黏的小米、黄米、大米命名时，就采用稷、穄（也写作䅟）、稴一类的字音。字音相近是由于表示某种类似的性质，未必就是一物。何况古文献中明白指出穄、稷不是一物。《唐本草》创稷是穄说是错误的。

因此，胡先生所说黍、稷名物的混淆"直到唐和唐以后才获得澄清"，正和事实相反，《唐本草》正是引起混淆的始作俑者。

胡先生推重"李时珍在《本草纲目》中还特别从植物特征上加以鉴别和说明，明确稷、粟不是同一作物"。事实是李氏沿袭《唐本草》的说法，先肯定稷是黍之不黏者，然后描写黍的植物特征，以为这就是稷，形式上似乎很精细，骨子里指鹿为马，包含着严重的错误。

而且李氏在《本草纲目》所说，还有矛盾不通处。他说："北边地寒，种之有补。河西出者，颗粒尤硬。稷熟最早，作饭疏爽香美，为五谷之长而属土。"他已知道黍稷是偏北较寒地区的作物，种植不普遍，怎么可以当作五谷之长呢？米以油熟、软熟为美，没有听说特别硬的倒是香美的头等米，不愧为五谷之长。《名医别录》说："又有穄米，与黍米相似而粒殊大，食不宜人，乃言发宿病。"食不宜人的穄，怎能被认为五谷之长呢？古人以五谷配五行，黍属火，稷属土，如果如李氏所说稷是黍之不黏者，为什么硬把一种次要作物强占五谷中的两个位置，而把当时的首要作物谷子排除在五谷之外呢？而且又和古人所说中央宜禾、禾属土的说法不合。李时珍确实是杰出的学者，但不可能一一无误。

（原载《中国农报》1962年7月第7期第20～23页）

附：

对"谷子即稷"的商榷

胡锡文

在《大公报》4月12日第三版《五谷史话》的"谷子"一文中，作者明确地说"谷子称为禾或稷"。这和古代的"稷即粟"说法，异曲同工。古人为此，曾做过一番澄清工作；现在似仍有商榷的必要。

"稷即粟"的说法，是魏、晋训诂学家孙炎、郭璞提起的。他们注《尔雅》"粢、稷"二字，说："粢，稷也；稷，粟也。"错误地把稷、粟两种作物等同起来从而引起名、物上的混淆。直到唐和唐以后才获得澄清。明李时珍在《本草纲目》中还特别从植物特征上加以鉴别和说明，明确稷、粟不是同一作物："稷、黍之苗，虽颇似粟，而结子不同；粟穗丛聚攒簇，稷、黍之穗，疏散成枝；孙氏（按指孙炎）谓稷为粟，误矣。"

稷，又叫作穄子、䅟子、糜子、硬糜子、糜黍和穈子等，因地区、方言字音而有不同；粟则普遍叫作谷子。这和古代名、物对照看来，是一致的。就是今天的农学课本、植物分类学等书,也无不正确地沿用着稷、粟的古名。

和古代"稷即粟"说法大不相同的,是《五谷史话》的作者为这一说法加上了两点前所未见的新颖论证。但这两点论证,还有一些必须商榷的地方。

1.原文"在商代甲骨文中,谷子称为禾或稷"。它的出处何在?甲骨文是近代发现的,古人未见到,古籍中的稷、粟之争,也从未涉及甲骨文。现在作者引此作为论证,确是非常新鲜的。甲骨文中有稷、禾二字,也有有关稷、禾生产的丰歉卜辞,但却未见到禾即稷或稷即禾的记载。如果从字形看来,禾与稷二字的字形也大不相同。据《五谷史话》所引资料,禾字顶上一笔很像谷穗子,稷字在禾字顶上一笔却多了几个点,表现了稷的散穗形态,这是非常明确的。怎能将稷和禾等同起来?又,甲骨文中是否已经有了同物异名的字存在?还有没有其他类似的例子?都有值得商榷的必要。

2.原文"从远古到南北朝,谷子在我国栽培的作物中一直占着首要地位"。这就意味着我国在南北朝以前几千年里,黄河流域的作物中,没有任何消长变化。这一说法符不符合客观事实,很值得怀疑。更早的时期我们还缺乏充分资料说明,但从《诗经》看来,记载有黍、稷的诗歌比禾(粟)多得多,这就很足以说明当时占首要地位的作物是黍、稷,而不是谷子。

又从春秋战国和秦汉的古籍看来，禾、麦跃居于黍、稷之上，也很可以说明除冬季作物外，夏季作物已有了变化。这说明在栽培技术进步的同时，战国前后的人们为着提高和改善生活，也选择了较能高产优质的禾、麦，并因地制宜地加以发展。同时，我们也不能认为，祖先如此保守而停滞不前。如果只从《诗经》中"稷即禾（粟）"的说法来证明，我认为这也是不正确的。除非抓着《诗经》中的某一点加以臆测而外，实在找不着"稷即禾"或"禾即稷"的任何证明；特别是《豳风·七月》中的"黍稷重穋，禾麻菽麦"，已非常明确地说明禾不是稷。《吕氏春秋·十二纪》也反映了同样的事实。

（原载《中国农报》1962年7月第7期第19页）

花生史话

花生（旧名落花生，今简称花生）原产南美巴西，15世纪末传入南洋群岛。

我国有关花生的最早记载，见于明弘治《常熟县志》（1503年）、《上海县志》（1504年）和正德《姑苏志》（1506年）。此外还有其他明代浙江府县志中有记载。再结合其他古书所说来看，明代至少已有四省栽培花生，福建首先引种（时福建人侨居南洋的很多），而江浙可能传自福建，广东也有栽培。估计从1492年哥伦布发现美洲，到花生传入福建，还不到十年。可见一种有广大用途而为人民所喜爱的农作物，传播起来非常快。

但是这里有一个疑问。1956年浙江湖州市钱山漾新石器时代遗址中发现炭化花生两粒，这就否定了我国花生源出美洲的说法。奇怪的是，如果我国新石器时代就有花生，不可能忽然绝迹。为什么元以前古书中没有记载？甚至明代后期李时珍《本草纲目》（1578年）和徐光启《农政全书》（1628年）中还没有提到。而且明代曾称花生为香芋，王省曾把花生附记在他的《种芋法》（1530年前后）里，也说明此时引种不久，知识分子对花生的了解还不够清楚。因此，无论如何，我们仍然应当说，现在我国栽培的花生种，源出南美。

到了清代中叶，18世纪末，据檀萃《滇海虞衡志》（1799年）所说，花生已传遍沿海各省及江西、云南。福建、广东没有不吃花生油的，并供点灯。广东生产很多，用大牛车送上海船，运销省外。市上也朝夜有供应，或用纸包加上红笺送礼，或配搭果菜登上筵席，寻常下酒也用花生。檀萃还说，花生是南果中第一，对于人民生活上的用途最广。

19世纪继续推广。而且最初传入的是蔓性小粒种，清末又引进大粒种。引种不止一次，也不止一路。其中有一次于1889年传入山东蓬莱，迅速推广开来。大粒种很快在全国大多数地区代替了小粒种。北方花生栽培发展得特别快。而且不久使花生成为我国主要出口物资之一。

现在全国除西藏、青海等地外，各省区都有栽培。总产量山东第一，占全国花生总产量的四分之一到三分之一；河北、河南次之；江苏、安徽、广东、辽宁、四川、湖北、广西、福建、江西又次之。花生现在是我国除大豆以外最重要的油料作物，直接用作食品的需要也很大。

（原载《中国农报》1962年6月第6期第17页）

《陈旉农书》评介

一、陈旉事迹及其所著《农书》的特点

《宋史》没有陈旉传,其他文献中也看不到有关记载,现在只能从他著《陈旉农书》及其序跋中得到一些关于他的事迹的梗概。

他生于北宋后期熙宁九年(1076年),《陈旉农书》写成于南宋初绍兴十九年(1149年),那时他已经七十四岁,五年后又在书后作跋,享年当在八十以上。他的一生,正当王安石变法之后,新旧党争日益剧烈,封建政治日益混乱腐朽,以致北宋溃亡,南宋开始偏安江南的战乱时期。

他的原籍没有记载。他在《自序》中自称"西山全真子",又说"躬耕西山"。他在写成《陈旉农书》后,以七十四岁高龄,从西山送到仪征给洪兴祖看,西山当离仪征

不远，可能就是扬州西山。书中《地势之宜篇》特别重视高田，《薅耘之宜篇》强调自下及上的耘田法，这些都是针对丘陵地区的情况说的，可能就是他所居西山的情况。但书中其他部分所说没有这种明显限制。而且，洪兴祖《后序》说他"所至即种药治圃以自给"，可见他不是一直住在西山的，他曾在别处住过。当南宋初年金兵南侵时，他也不可能在扬州西山安居。书中所说农业情况，实代表长江下游较广泛的地区。洪兴祖是江苏丹阳人，当时任真州（仪真郡）知州。陈旉可能是因为洪兴祖是地方长官而把《农书》送给他看，但也可能是事前就认识的。就陈旉的活动地区和他的社会关系来看，他大概是江苏人。

洪兴祖《后序》说陈旉"于六经诸子百家之书，释老氏黄帝神农氏之学，贯穿出入，往往成诵，如见其人，如指诸掌，下至术数小道，亦精其能，其尤精者《易》也。平生读书，不求仕进；所至即种药治圃以自给"。大概他的生平岁月，主要用在书本和农业经营上。他是一个相当博学的经营地主。

陈旉既然相当博学，多年亲自参加农业经营，用心观察，直到近八十岁高龄，因此对于农业具有很丰富的知识与实地经验。

他在《自序》中说："旉躬耕西山，心知其故，撰为《农书》三卷。……是书也，非苟知之，盖尝允踏之，确乎能其事，乃敢著其说以示人。孔子曰，盖有不知而作者，我无是也。多闻择其善者而从之，多见而识之，以言闻见虽多，必择其善者乃从，而识其不善者也。若徒知之，虽多，曾何足用。"他明白指出，他著这书，不是单凭耳闻目睹，而是自己做过，具有实践经验，"确乎能其事"，才把它写下来的。他批评葛洪论神仙，陶弘景疏本草的错误，并且认为"《齐民要术》《四时纂要》迂疏不适用"。而他的这部《农书》，不是"誊口空言，夸张盗名"，而是要"有补于来世"（《自序》中语）的。他对此很自负，要用这书教导农民，"使老于农圃而视效于斯文者……转相读说，劝勉而依仿之"。（《自跋》中语）

《陈旉农书》不抄书，着重在写他自己的心得体会；即使引用古书，也是融会贯通在他自己的文章内，体例和《齐民要术》不同。他对《齐民要术》的批评未免过分（《齐民要术》所说是黄河流域的农业，和陈旉所习见的不同；《齐民要术》包括的范围广，自然不能全出自己的经验，范围广自有它的用处，不能因此就说《齐民要术》迂疏不适用），但他的这部《农书》，在体例上确实比《齐民要术》谨严，出自实践的成分比《齐民要术》多。实践性可以说是《陈旉农书》的一个显著特色。《四库全书总目提要》批评这书"虚论多而实事少",是不确当的。

《陈旉农书》的篇幅虽不大(连序跋约共12500字),但内容丰富切实,在我国农学上表现出不少新的发展,其中较突出的可归纳为下列六点:(1)第一个用专篇来系统地讨论土地利用;(2)第一个明白提出两个杰出的对土壤看法的基本原则;(3)不但用专篇谈论肥料,其他各篇中也颇有具体而细致的论述,对肥源、保肥和施用方法有不少新的创始和发展;(4)这是现存第一部专门谈论南方水稻区农业技术的农书,并有专篇谈论水稻的秧田育苗;(5)有一套相当丰富的农场经营原则;(6)具有相当完整而有系统的理论体系。分别说明如下。

二、土地利用规划

书中《地势之宜篇》可以说是一篇讨论土地利用规划的专论。一开始说明土地的自然面貌和性质是多种多样的,有高山、丘陵、高原、平原、低地、江河湖泊等区别。地势的高下既然不同,寒暖肥瘠也就跟着各不相同。大概高地多是寒冷的,泉水冷,土壤也冷,而且容易干旱。下地多数是肥沃的,但是容易被水淹没。所以治理起来，各有其适宜的方法。这里虽没有做全面的分析，但已接触到问题的关键。所说地形和温度、肥瘠、水旱之间的关系，也是基本上合理的。

接着提出高田、下地、坡地、葑田、湖田五种土地的具体利用规划。其中对于高田的利用规划说得比较详细。要勘察地势，在高处来水会归的地点，凿为陂塘，贮蓄春夏之交的雨水。塘内要有足够的深阔，大小依据灌溉所需要的水量，大约十亩田划出二三亩来凿塘蓄水。堤岸要高大。堤上种桑柘，可以系牛。这样做可以一举数得："牛得凉荫而遂性，堤得牛践而坚实，桑得肥水（牛粪尿）而沃美，旱得决水以灌溉，潦即不至于涨漫而害稼。高田早稻，自种至收，不过五六月，其间旱干不过灌溉四五次，此可力致其常稔（可以用人力保证经常丰收）。"不但如此，而且还可以看出：这里是利用水面较高的陂塘放水自流灌溉的，不必提水上升；大雨时有陂塘拦蓄雨水，可以避免水土流失，冲坏良田。确实是一种合理而巧妙的小型土地利用规划。

以上是就塘和堤说的。对于耕种的田，要把田埂做得宽大，以便牛可以在上面放牧，田埂可以借牛的践踏，变得坚实而不漏水。田丘高下差不多的，就把它们合并为一丘，使田丘阔大，便于牛犁的转侧。在并丘的过程中，当然需要平整地面;因为这里是水稻田,若是地面高低不平或稍有倾斜,灌水时就不能使全田有同样深度的水。这样分丘平整地面,如果在斜坡的丘陵地或山麓,就成为梯田。

在谈论五种土地的利用规划之后,接着引《周礼》稻人(官名)的职掌:用陂塘之类贮蓄水,使水聚而不致流失;用堤防挡住水,使水不致泛滥;用田头小水沟来分开水势;用排列成行的排水沟来排去多余的水;用大水沟来汇合小水沟的水使它倾泻而去。他说:这样的制度,很完备,哪里还会有大水淹没田地的患害呢?这里说到蓄水、防洪和排水,但重点在于防洪和排去多余的水,以免淹没良田。

上面他所说的几种土地利用规划,只是限于南方水稻区域的部分地区,对于较大规模的农田水利也没有涉及,显然有其局限性,但是创始这种统筹的观察与讨论,在我国农学史上应当说是一种可贵的进步。

三、两个杰出的对土壤看法的基本原则

《陈旉农书》对于土壤,提出两个杰出的基本原则。一是土壤虽有多种,好坏不一,只要治得其宜,都能适合于栽培作物。他在《粪田之宜篇》指出:黑壤确实是好的,但是过于肥

沃的，也许会使庄稼徒长而结籽不坚实，应当用生土混合进去，就疏爽得宜了。瘠薄的土壤诚然不好，但是施肥培养，就能使禾苗茂盛而籽粒坚实。虽然土壤不一样，要看怎样治理，治理得宜，都可以长出好庄稼。虽则他在这里只是举例说明，所说不够精细全面，甚至不一定全对，但是他所提出的基本原则是卓越的。这种基本原则，是建筑在我国农民已经积累了丰富的土壤管理、改良的经验与知识的基础上的。它包含着坚强的可用人力改变自然的精神。它和苏联杰出的土壤学家惠廉士所说的"没有不好的土壤，只有拙劣的耕作方法"的原则，几乎是一致的。

另一个是土壤可以经常使它保持新壮的基本原则。他在《粪田之宜篇》的结尾中提到：有人说，土壤敝坏了就草木不长，土壤气衰了就生物长不好，凡是田土种了三五年，地力就疲乏了。这话是不对的，没有深入考虑过。如果能够时常加入新而肥沃的土壤，施用肥料，可使土壤更加精熟肥美，地力将会经常是新壮的。哪里有什么敝坏衰弱呢？这种看法，和西方资产阶级学者的"地力渐减论"恰恰相反。西方资产阶级学者以为耕种就是地力逐渐消失的开始，甚至有人著书立说，申论罗马帝国的衰亡，就是由于地力的耗竭。我国是农业古国，从来没有这种说法；几千年来的耕种，并没有使地力耗竭或渐减。反之，我国很早就有这种信念，土壤可用施肥和其他相应措施使它变得肥美，维持和提高其地力。陈氏所说这种地力可使常新壮的原则，充分表达了我国传统农业的精神。也就是说，这一原则所包含的基本思想，在我国农业生产实践中是有它的深厚基础的。虽然如此，陈氏在八百多年前就能毫不含糊地提出这种豪迈而具有重大实用意义的基本原则，还是值得十分珍视的。

对于不同土壤，怎样治得其宜，怎样维持和提高其地力，在上述陈氏所说的语句中，只提到客土法和施肥法。而且上述两段引文所自出的《粪田之宜篇》，主要是谈肥料和施肥的。这样的安排，似乎说明施肥是维持和提高地力的主要方法。施肥当然极其重要。但是必须指出，前面所说的土地利用规划，和后面将要谈论的耕作技术，也是有关维持和提高地力的重要措施。

四、肥料和施肥的新发展

《陈旉农书》的篇幅，远小于《齐民要术》（总字数约为《齐民要术》的九分之一），但是《陈旉农书》用于肥料问题上的字数，显然超过《齐民要术》。在《齐民要术》中，书前《杂说》有踏粪法，但不是贾氏原文；在《齐民要术》本文中，若把引自古书的（主要是《氾胜之书》的）除外，只有对于绿肥的强调很突出，除此以外，只是零星地偶尔提到施肥问题。但在《陈旉农书》中，不但写了《粪田之宜篇》专论肥料，其他各篇也颇有谈到肥料的，而且不是零星地提及，往往是具体而细致的叙述。把这些叙述合并起来，不论在字数或内容上，都超过《粪田之宜篇》。它给人以一种深刻印象，到处洋溢着对于肥料的重视，表现出不少新的创始和发展。这种发展，自然不是陈氏个人的创造，而是从《齐民要术》到《陈旉农书》的六百年间农民在生产实践中得来的进步。六百年是一个相当长的时期，其间农书散失，我们现在无从逐步追踪这些发展的过程，只能就《陈旉农书》观察发展的结果。同时，我们也不能抹杀陈氏在其中总结提高的贡献，个别地方还可以看出是出于他自己切身的经验。

关于肥源，至少有四个新的（不见于以前古农书的）发展：

（1）制造火粪。《善其根苗篇》三次提到火粪，但没有说明什么是火粪，怎样得来的。《粪田之宜篇》说："凡扫除之土，烧燃之灰，簸扬之糠秕，断稿落叶，积而焚之。"这和浙东现在烧制焦泥灰的方法相像，可能陈氏的所谓火粪，就是这样烧制而成的。烧的时候，只可冒烟，不让它发出火焰，烧至变为焦黑为止,不可烧成灰。其中有土,可能土的含量不少,因此亦称土粪。《六种之宜篇》所说"烧土粪以粪之",和《种桑之法篇》所谓"以肥窖烧过土粪以粪之",土粪大概就是火粪。也可能火粪含土较少,更近于焦泥灰,而土粪含土较多,更近于熏土;但二者并不能截然区分。到了《王祯农书》所说的火粪制造法,则完全是今日的熏土了。

(2)堆肥发酵。《善其根苗篇》说:要种稻,必须先搞好秧田。……若用麻枯(麻籽榨油后的残渣)尤其好。但麻枯不好使用,需要细细打碎,和火粪混合堆积,像做曲的样子;等候它发热(因发酵而生热),生鼠毛(发霉如鼠毛状),就摊开中间热的放在四旁,把四旁冷的放在中间,再堆积起来;如此三四次,一直等到不发热,才可以使用,否则就要烧杀秧苗了。这里明白指出发酵现象和制造堆肥的过程。

(3)粪屋积肥。《粪田之宜篇》指出,农家必须在房屋旁边设置粪屋,在其中积贮火粪。屋檐要低,以免风雨进入粪屋,粪放在露天里受着风飘雨淋,就不肥了。粪屋里面,要凿成深池,砌上砖壁,使不渗漏。

(4)沤池积肥。《种桑之法篇》说:聚粪稿的方法,在厨栈下凿一个深阔的池,砌上砖使不渗漏,每逢舂米,就收聚砻糠谷壳,以及腐稿败叶,放在池中沤渍,并收聚洗碗的肥水和洗米的泔水等，沤渍日子久了，自然腐烂浮泛。每年三四次取出这样沤制的肥料来对苎麻施肥，因而也肥桑（桑下种苎麻），使桑愈久愈茂盛，不会荒废枯摧。一举两得，用力小而见功多。我常这样做，邻居没有不称赞而仿效的。《善其根苗篇》所说"糠粪"，就是如此积沤而成的肥料。

上述四个新的发展，贯穿着一种精神，即尽量想办法开辟肥源，多积肥料，增进肥效，而避免损失。熏土和堆肥发酵的功效，并不是简单易知的，这种创造突出地表现出农民的智慧，在八百多年前对于肥料知识就已达到了这样的水平。

陈氏很反对施用人粪尿。《善其根苗篇》说：切勿用大粪，因为它会使芽蘖腐烂，又损人手脚，生疮，难于治疗。只有火粪和焊猪毛以及窖烂粗谷壳最好。……如果不得已而用大粪，必须先和火粪堆积相当时期，才可以施用。往往看见有人用生小便浇灌，立刻损坏秧苗。他这样说主要是为了卫生和施用不当会造成损失，同时也可能因为他已用其他办法积肥，又有财力可以施用麻枯，不必依赖人粪尿。但从他的话里也可以看出，那时实际上人粪尿在南方已被一般农家广泛施用。他所说人粪尿必须腐熟后施用，是正确而必要的，这在我国已是传统的经验，《氾胜之书》和《齐民要术》早已强调要用熟粪。

关于施用方法，有三点具有新的意义：（1）强调"用粪得理"(《善其根苗篇》)。并且说:"俚谚谓之粪药,以言用粪犹用药也。"(《粪田之宜篇》)其中包含肥料种类的选择,是否适合于土壤性质,以及施用分量、施用时期、布施方法等。在《善其根苗篇》所说秧田施肥法,最能体现出这种精神。(2)多次施用追肥。《氾胜之书》注重基肥和种肥。《齐民要术》也很少提到追肥。《陈旉农书》除仍重视基肥、种肥外,突出地注重施用追肥,而且不是一次施用而是分次施用。例如种大麻"间旬一粪",种小麦"宜屡耘而屡粪"(见《六种之宜篇》);种苎麻一年施肥三四次,种桑一年施肥二次,"锄开根下粪之,谓之开根粪"(见《种桑之法篇》)。(3)对甲施肥而效及于乙的一举两得的施肥法。《种桑之法篇》指出,在桑园里种苎麻,对苎麻施肥,桑树也就获得肥效了。桑的根深,苎麻的根浅,两不相妨,而获利加倍。若能勤于粪治,可以一年收割苎麻三次,中小人家单靠这一件,就足以完纳赋税、充足布帛了。既然每年对苎麻施肥三四次,桑树因而也就越来越茂盛。

五、南方水稻区域栽培技术的进步

我国经济文化中心原先在黄河中下游。北方农业技术的进步远早于南方。南方的自然环境及其相应的农业技术和北方不同，所以尽管春秋战国至秦汉长时期内，黄河流域的经济文化那样发达，而南方还是地旷人稀，长期地远远落后于中原。经过楚、吴、越、汉和六朝千多年间，劳动人民在南方这一广大地区对自然做斗争，逐渐积累经验，不断从事农田基本建设，改变了自然面貌，到了唐中朝以后，终于使全国经济重心移转到南方。西汉《氾胜之书》和后魏《齐民要术》所说农业技术，都是属于北方旱作区域的。唐韩鄂《四时纂要》中的农业技术，主要引自《齐民要术》，也是基本上属于北方的。《陈旉农书》是我们所能看到的谈论南方水稻区域栽培技术的第一部农书。

《耕耨之宜篇》谈论整地技术，分别四种不同情况，采取不同措施：（1）早田收获后，抓紧时间，随手耕治施肥，种上二麦、蚕豆、豌豆或蔬菜，因而使土壤精熟肥沃，可以节省来年耕作的劳动力，而且还可以多得一季收获。（2）晚田收获后，来不及种上二麦、豌豆之类冬作物的，等待来春残茬腐朽后，就容易耕，可以节省牛力。（3）山川环绕、排水不良而较冷的土地（水的比热高，土中含水较多的，到了春季转暖时，土温不易上升），秋后需要排水深耕，使土壤在冬春消融而苏碎。（4）宽广平坦的土地，冬季翻耕浸水，残茬杂草在土中沤烂，使土壤变肥，杂草种子也烂掉。

《薅耘之宜篇》谈论中耕除草技术以及烤田和对水的控制。指出即使没有草也要耘田，要把稻根旁的泥土耙松，耙成近似液体的泥浆。烤田措施最先见于《齐民要术》，到了《陈旉农书》才指出烤田的好处，而且和自下向上的耘田法相结合。先在高处蓄水，把最低一丘田放水先耘，耘毕一丘，即在中间及四旁开深沟，使其速干，干到地面开裂，然后灌水。如此依次向上，逐丘放水耘田。这样每丘可以从容不迫地耘得精细，保证耘田质量。如果上下各丘同时放水，水已走失，田里干得很快，太干就不能耘了，因此就不免草率从事，耘得很粗糙。若再遇上多日没有雨，又没有灌溉，更是糟糕，以致造成严重损失。陈氏在这里反复说明，强调必须"次第从下放上耘之，……浸灌有渐，……思患预防"。

《善其根苗篇》专门谈论水稻的秧田育苗技术。虽则东汉崔寔《四民月令》中已提到栽秧，但是《陈旉农书》是第一个谈论秧田育苗技术的，而且写成一专篇，已具有颇高的水平。这一篇主要包含四部分：（1）申说培育壮秧的重要性和达到这一目的总原则。总的原则是："欲根苗壮好，在夫种之以时，择地得宜，用粪得理，三者皆得，又从而勤勤顾省修治，俾无旱干、水潦、虫兽之害，则尽善矣。"（2）谈论秧田在播种前的耕作和施肥，充分体现精耕细作和用粪得理的精神。（3）谈论烂秧问题，指出由于播种太早，天气尚冷而烂秧；秧田经过精细整地施肥才播种，烂秧后另选白田作为秧田，就要造成双重损失，不但浪费种子和劳力，白田不能培育壮秧，还严重地影响稻的生长和收获。（4）谈论怎样控制秧田里的水，所说颇为细致而合理。

六、一套农场经营管理的原则

陈氏自己经营农业，把他的经验与体会写成《陈旉农书》，因此书中包含着相当丰富的家庭农场经营管理的原则。我们就陈氏所说加以分析，可以归纳为下列十条原则。

第一，要有整体观念，通盘筹划。陈氏虽没有明白指出这一原则，但他对此实有深刻体会，整部《陈旉农书》贯穿着这种精神。上卷十二宜讨论农业经营的各个方面，合起来成为一个互相联系的整体。即使在一篇之中，例如前述《地势之宜篇》对不同土地采用不同的土地利用规划，并对高田规划做出一举数得的设计，也清楚地表现出通盘筹划的精神。

第二，应当有计划、有步骤地进行。《陈旉农书》开头第一篇指出农业经营的复杂艰巨性，不可粗心大意，侥幸一时，必须深思熟虑，适当计划，自始至终逐步做得好，才能经常获得丰收。计划可以按其性质分为几种，例如下面所说的怎样布置田场和进行基本建设，这是长远计划或远景规划；怎样适当地配置多种经营，尽量利用土地和劳动力，这是年度计划；怎样合理安排一种（或几种配合在一起的）技术措施或操作的进行程序，这可以称为工序计划。陈氏虽没有提出这些名称，但在事实上表现出这几种计划。

第三，要有适当的田场布置，进行相应的基本建设。这里包括田地的平整和利用规划，农舍的位置和建造等。《地势之宜篇》是专门谈论土地利用规划的。《居处之宜篇》指出农家住宅应当靠近田地。若事实上地有远近，则采用不同的利用管理方法，例如《种桑之法篇》对桑园离家远的和离家近的，就采用不同的利用管理方法。此外如《粪田之宜篇》所说粪屋，《种桑之法篇》所说沤池，《牧养役用之宜篇》所说牛栏，虽不是大建筑，但在农业生产上也有重大意义。

第四，要重视农具和动力，来提高工作效率。《器用之宜篇》指出农具必须精利合用，色色俱备，都要预先准备好。陈氏认为牛是农业生产不可缺少的牧畜，专门写了一卷书讨论牛的牧养、役用和牛病的医治；篇幅虽不大，已占全书的七分之一。在我国综合性的古书农书中，写出这样的专篇，而用全书篇幅的七分之一来谈论牛，只有《陈旉农书》。

第五，要讲究农业技术，来保证和增进农业生产。陈氏《蚕桑叙》说：古人种桑养蚕，都有方法。不知道方法，没有能养得好的，即使养得好，也只是一时的侥幸。方法可以常用，而侥幸是不可靠的。这里所谓方法，就是一定的农业技术。他把农业技术在农业生产上的重要性提得非常高。《陈旉农书》中也到处表现出他对农业技术的深刻的体会与研究。

第六，经营规模要和财力相称，广种不如狭收。《财力之宜篇》就是专门讨论这一原则的。财指钱财、货物、设备等。力指劳动力。贪多而超过财力所及的，必然种得马虎，收获很少；远不如集中力量，对于能力所及的田亩精耕细作，提高每亩产量，可以保证丰收。

第七，采用多种经营，来充分利用土地和劳动力。《六种之宜篇》说：栽种各种作物，有一定的时候。如果能够知道时宜，不违反先后的次序，那么相继以生成，相资以利用，种无虚日，收无虚月，一年到头生活所需要的，持续不断地供应着，还怕什么经济困难、挨冻挨饿呢？接着他又对逐月农事做了具体安排。"种无虚日"，就是在同一块土地上，收了一种，又种上一种，全年持续不断地种着作物，充分利用土地。"收无虚月"，就是利用多种作物生长期的先后不同，适当地安排着，尽可能使逐月有收获（和农产品加工的收入），有利于衣食和资金的供应与周转。同时，这种安排，把农家工作尽可能地错开，而不集中在一两个极短时期内；这样就大大减轻或避免了农忙时过于紧张，来不及做，而在许多时候闲着没事做；这样就能更加充分地利用劳动力。来不及做和窝工没事做，都是农业经营上的严重损失。此外，"相继以生成，相资以利用"，还意味着在多种经营之间，在生产上和经济上，有相互补益助成的作用。

第八，要合理安排技术措施的操作程序。上面第七条原则是针对一年之中农事全局的安排。这里第八条原则是针对一种经营中某一措施的操作程序的安排，求其最能适合于生产原理和经济利用。《陈旉农书》中最能突出地体现这一原则的，是稻田的自下向上耘田法（见前），这样可以从容不迫地安排工作时间而不致处于被动或来不及做，可以保证耘田质量，可以避免可能遭遇的旱害，还可以和挨次烤田与灌溉适当地结合起来。

第九，把节约提高到和生产并重的地位。《节用之宜篇》反复说明，不论国和家，都要节约用度，平时积蓄，以备意外的非常之事；只有俭约才能做到经常够用，即使遇到意外的事情，因为早有准备，也不至于占用经常的开支。节约不单是生活费用上的问题。这里"节用之宜"是整个农业经营体系中十二宜之一,是在增加农业生产之中讲节用。一开头引用古人所说"一年耕必有三年之食",就表示生产要大大超过消费,以防水旱灾。所谓"占用经常的开支",不单是生活上的开支,也包括生产上的开支。不但饥寒会间接影响生产,穷困必然削减再生产所需的物资,直接使农业经营遭受困难而减产。再结合财力相称的原则来看,节约还可以把节省下来的财力投入生产,扩大再生产。

第十,要有勤劳与专一的意志和干劲。《稽功之宜篇》指出:"勤劳乃逸乐之基。"《念虑之宜篇》指出:只要心上喜欢它,行动上安心做,嘴里乐意说,念念不忘,没有一刻抛弃,总是在打算和办理,那么就能够一天做成一天的事,一年做成一年的事,不会不充足齐备了。他把勤劳和专心致志作为所以能做好农业生产和改善生活的基础。

七、农学体系和思想

《齐民要术》具有农业全书的性质,但主要只是分别叙述各项生产技术,没有系统地总论其中所包含的问题与原理。这种系统性的讨论,在现存古农书中,开始出现于《陈旉农书》。

全书分上、中、下三卷。上卷可以说是农场经营学与栽培总论的结合,这是全书的主体(不但性质上是主体,在篇幅上也约占全书的三分之二)。中卷的牛说,在经营性质上仍是上卷农耕的一部分,因为牛是当作耕种用的役畜饲养的。下卷的蚕桑,在当时农业经营中是农耕的重要配角。

再就上卷的编次说,以十二宜为篇名,十二宜互有联系,有一定的内容与顺序,组成一个完整的有机体。

经营农业的目的在获得丰产与赢利。我国传统经验是用精耕细作来获得丰收。农家经营农业,须有一定的经济能力和劳动力的配备,若财力不足,必然影响精耕细作。所以这书把《财力之宜篇》作为第一篇,一开始就强调经营规模要和财力相称,才能保证丰收。

经营规模决定后,次一步就该农田的基本建设(《地势之宜篇》第二)。然后谈整地方法(《耕耨之宜篇》第三)。

地的问题处理了,接着就是怎样种上作物。播种必须按时,因此先谈时宜的重要性和怎样掌握时宜(《天时之宜篇》第四)。然后根据时宜,安排多种作物的配合经营,借以充分利用土地和劳动力(《六种之宜篇》第五)。

整地、播种等做得好不好,有赖于人力。农家住址靠近田,才便于照顾,把工作做好。所以把住址问题插在这里(《居处之宜篇》第六)。

作物种上了,怎样使它生长得好?因此谈到施肥问题(《粪田之宜篇》第七)和中耕除草等田间管理问题(《薅耘之宜篇》第八)。

作物栽培成熟后收获,接着就是怎样处理收获的问题。因此谈到节约与岁计,包括准备再生产(《节用之宜篇》第九)。

以上已把自种至收各个环节挨次讨论过了。但是要做好这些工作,还有几个根本问题:第一是人力的勤劳(《稽功之宜篇》第十),第二是工具的精利完备(《器用之宜篇》第十一),第三是专心致志的思想(《念虑之宜篇》第十二)。所以最后又谈论了这些问题。

陈旉在《自序》中说:"旉躬耕西山,心知其故,撰为《农书》三卷,区分篇目,条陈件别而论次之。"又在《后序》说:"故余纂述其源流,叙论其法式,诠次其先后,首尾贯穿,俾览者有条而易见,用者有序而易循,朝夕从事,有条不紊,积日累月,功有章程,不致因循苟简,倒置先后缓急之叙。虽甚慵惰疲怠者,且将晓然心喻志适,欲罢不能。"作者显然有意识地追求农学体系的完整和先后贯穿。

他又在《跋》中说:"此书成于绍兴十九年,真州虽曾刊行,而当时传者失真,首尾颠错,意义不贯者甚多。又为或人不晓旨趣,妄目删改,徒事绨章绘句,而理致乖越。……故取家藏副本,缮写成帙。"更加显出他注意农学理论体系的首尾条贯,讲解周到,切合实用,而且十分珍视他的著作的系统性。

不但如此。他在上卷十二宜之后补写了两篇(《祈报篇》和《善其根苗篇》),但只是附在十二宜之后,而没有和十二宜合并起来做统一编排。这也清楚地表示作者把十二宜当作一个完整的理论体系,而不愿打乱它。

再看各篇内容,虽不是都很充实的,一个问题也可能散见于若干篇(例如肥料),但是如《天时之宜篇》谈论天时变化的规律及其掌握,《善其根苗篇》一开始就指出培育壮秧的总原则,《牧养役用之宜篇》概括地说明牛的饲养管理的原理。都能或多或少地提出一些系统性的理论。

科学的特征之一是具有系统性的理论,要求从许多事实中抽象出其中所包含的原理,或者从复杂的现象中概括出变化的规律来,再把这些原理或规律安排在合理的体系里。《陈旉农书》开始表现出这种比较完整的系统性的讨论,标志着我国农学上一种重要的进步。

陈旉受着时代和阶级的限制，也有他的落后的一面。他以为后世不如殷周之盛。他常引《六经》以为依据，有的实是歪曲事实或盲目称颂。他虽"隐居"，但在《陈旉农书》的序跋中仍然洋溢着效忠王朝和维持封建传统的思想。在《稽功之宜篇》甚至想用统治者的高压手段，来鞭策农民勤于耕作。《祈报篇》尤其无聊。《牧养役用之宜篇》认为对牛不知爱护，生了病，"乃始祈祷巫祝，以幸其生"，是"愚民无知"。但是在《祈报篇》却说，祈祷可使牛壮健免疫，不能不说是企图灌输鬼神祸福思想来愚弄人民，缓和阶级斗争。

但是总地说来，在《陈旉农书》中所表现的，仍是要求掌握自然规律的进步思想占上风。例如《天时之宜篇》说："故农事必知天时地宜，则生之、畜之、长之、育之、成之、熟之，无不遂矣。"《节用之宜篇》说："养备动时（饮食完备，动作按时），则天不能使之病。"《蚕桑叙》说："盖法可以为常，而幸不可以为常也。"所谓法，就是合乎自然规律或者善于运用自然规律的方法或技术措施。这些都明显地表示具有掌握自然规律的思想。农业技术的进步，本是劳动人民在生产实践中，向自然做斗争而逐渐积累起来的先进经验。向自然做斗争不能违反自然规律。陈氏参加农业生产，向农民学习和总结经验，能在他的《陈旉农书》中表现出较高的农业技术与理论水平,这就必须在思想根源上具有力求掌握自然规律、向自然做斗争的精神。

总之,《陈旉农书》篇幅虽小,实具有不少杰出的特点,可以和《氾胜之书》《齐民要术》《王祯农书》《农政全书》等并列为我国第一流古农书之一。

(原载《图书馆》1963年第1期,后收入《陈旉农书校注》,农业出版社,1965年7月)

区田法的研究

一、提纲

区田法亦称区种法,是我国古代一种成套的农田丰产技术。

区田法最先见于2000多年前的《氾胜之书》。虽则《氾胜之书》说区田法是伊尹创始的,实际可能就是氾胜之自己总结农民经验而加以提高倡导的。若追溯它的起源,可以说是导源于赵过的代田法或更古的甽田法,甽田法的历史至少可以追溯到战国时代。同时还应当说,它是产生于干旱环境中的;它的一系列的耕作技术,是在农民的已经颇为进步的经验与知识的基础上发展起来的。

《氾胜之书》所说的区田法,大体上有两种布置方式:一种较精细的,可以称作"带状区种法",把作物播种在长条的浅沟里，适用于平地。另一种可以称作"小方穴区种法"，把作物播种在方形的浅穴里，可以用于斜坡，而且随着土地的好坏，采用不同疏密的区的布置，上农夫区用于较好的土地，中农夫区和下农夫区用于较坏的土地。

后世所传区田法，最先见于《王祯农书》，是一种棋盘式的小方块布置。它完全抛弃了氾氏那样因地制宜的布置，过分简单化了。尤其遗憾的是，人们竟张冠李戴地把它和氾氏区田法混为一谈，从而湮没了氾氏原有的精华。明清以来对于区田法的讨论、试验与推行，几乎都局限于这种棋盘式的区田布置。

氾氏区田法的丰产目标是每亩收获谷子或小麦100石，合今日每市亩收获28.875市石。氾氏所用一系列的合理规划和精细而周到的管理与操作，包括深耕细作、充分施肥、某种规律性的等距、密植、全苗、保墒和及时而充分地供应水、彻底除草、壅土、耆耙、轮栽等，确实可以导致丰收。但是不可能高到亩收百石。氾氏所说的丰产目标，显然是非常夸大了的。

这种丰产目标很能吸引人，因此不断有人试种或提倡，直到今日还有人建议试验或采用。试种的结果，每亩产量相差很大，最高的是后魏刘仁之的超过1亩100石，它的正确性很可疑；13~16石可算是中数。大概每亩可收1000斤是可靠的。丰产的原因并不简单,除区田所特有的布置外,还有一系列的精细耕作技术。试种也有失败的,那是因为没有适合自然环境或没有配合好其他耕作技术。把适于旱区的区种法机械地搬用于湿区或水田是错误的。至于适于区种的干旱地区也没有普遍采用,主要原因是费工太多。

今日是否还有现实价值呢?首先要分析区田所以丰产的原因及其主要关键。在干旱环境中,最能限制作物产量的莫如水。区种法就是把作物种在凹入平面以下的区内,并把区内土壤掘松得比较深,以利于蓄水保墒,同时还可以在大范围内防止水土流失。这是区种法所特有的丰产关键。今日旱区仍然有此需要。其次要研究能否省工而仍能完成区种法所特有的技术措施。有此可能。

以上是这篇论文的提纲,下面要做比较详细的考证和讨论。

二、《氾胜之书》所说区田法的布置方式

《氾胜之书》已在南北宋之间失传了,关于区田法部分,主要依靠《齐民要术》的引用而保存下来。

《氾胜之书》所说区田法,大体上有两种布置方式,为了

叙说方便起见，代他起了"带状区种法"和"小方穴区种法"两个名词：

（一）"带状区种法"《氾胜之书》原文[①]是：

> 以亩为率，令一亩之地，长十八丈，广四丈八尺，当横分十八丈作十五町；町间分十四道，以通人行，道广一尺五寸；町皆广一丈[②]五寸，长四丈八尺。尺直横凿町作沟，沟一尺，深亦一尺。积壤于沟间，相去亦一尺。尝悉

---

① 见《齐民要术·种谷》篇。

② 金抄、明抄及校宋本《齐民要术》都作"町皆广一尺五寸"。这里的"尺"字，一定是"丈"字的误写，大概是因为辗转传抄，在北宋刻本所依据的祖本上就已经讹作"尺"字了。这里是可以按数核算的。如果是"尺"字，则田长就只有四丈多了（15町×1.5尺+14沟×1.5尺=43.5尺），1亩的面积也只稍多于2000方尺了。而且1沟容44株，分为2行，每行22株，株距5寸；如果町只有1尺5寸阔，沟的长度是决定于町的宽度的，1尺5寸长的沟，怎样排列得下22株呢？反过来说，22株之间有21个株距，21×5寸=105寸，也就是全长1丈5尺。所以我们可以断定这一"尺"字一定是"丈"字的误写，若把这一个字改正了，则整个布置就可以精确地画出图来了。

以一尺地积壤，不相受，令弘作二尺地以积壤。①

---

① 各本《齐民要术》都作"积穰于沟间，相去亦一尺。尝悉以一尺地积穰，不相受，令弘作二尺地以积穰"。其中三个"穰"字当是"壤"字的误写。首先是因为"穰"字在这里讲不通。《说文》："穰，黍裂已治者。""穰"原来是指已经打落掉黍粒的黍秆，即使引申为各种禾谷类的稿秆，它是从哪里来的呢？从上下文看，此时正是开辟区田的时候，不是收获的时候，不能解释为收获后把穰堆积在田间。如果是收获后堆积的，也和区田不区田没有特殊关系。更重要的问题是：穰在这里起什么作用？这时正是整地待种的时候，只有用作肥料的一个用途。但是稿秆是干枯的，埋在土中不能迅速腐烂，因此就不能及时地起着肥料的作用。而且绿肥腐烂时要消耗很多水分；区田法却是针对干旱环境设计的，不可能在播种前对埋在土中的干枯稿秆，给予腐烂所需水分的足够的供应。所以穰在此时此地，不但毫无用处，反而添出许多障碍。其次，这里有一个关键性的问题值得注意。《氾胜之书》说："尝悉以一尺地积穰，不相受，令弘作二尺地以积穰。"如果穰是外来的稿秆，一尺地堆积不下，那么少用一些好了，为什么一定要放宽到二尺地来堆积它呢？可见这个所谓"穰"必然是就地产生的，有一定数量的，而且是必须就地堆积，不能搬运到别处去的。这就不可能是稿秆，而应是开沟掘出来的土了。《九章算术》（古算书，汉初张苍曾加删补）说："穿地四，为壤五，为坚三，为墟四。"这是说，掘地4尺深，掘出来的土堆松了有5尺厚，打坚了只有3尺厚。这里是用"壤"字来指掘出来的松土的。又段玉裁注《说文》"壤"字说："麋信云，齐晋之间，谓凿地出土，鼠作穴出土皆曰壤。"可见我国本有把凿地掘出来的土称作壤的习惯。既然如此，《氾胜之书》这里的两句就完全可以讲得通了。这里所说的沟间，比照下文"种禾黍于沟间"看来，应当解作沟内。把凿沟掘出来的土仍旧堆积在沟内。沟与沟相去1尺，所以这种堆积的壤也是相去1尺。但是既然是掘松了，原来的1尺地就堆不下了，只可以堆到沟外去，那就是堆到沟与沟之间的土埂上去。两边放宽5寸就成为2尺。土埂宽1尺，也刚巧可给两旁的沟各5寸地来堆积壤。从以上这些论证，可见这三个"穰"字实是"壤"字的误写。"壤"和"穰"字形近似，也的确容易在辗转传抄中写错，因此特为改正。

种禾黍于沟间,夹沟为两行,去沟两边各二寸半,中央相去五寸,旁行相去亦五寸,一沟容四十四株。一亩合万五千七百五十株。种禾黍,令上有一寸土,不可令过一寸,亦不可令减一寸。

凡区种麦,令相去二寸一行。一行容五十二株。[①]一亩凡九万三千五百五十株。[②]麦上土厚二寸。

---

① 各本《齐民要术》都作"一沟容五十二株"。其中显然有错字。这一段区种麦,是紧接上文区种禾黍说的,既然没有说明町和沟的布置有什么变动,那就是应当是同样的。沟的面积既然一样,沟内种禾2行,行间相去5寸,株间亦5寸,1沟可容44株。种麦令相去2寸1行,则1尺宽的沟可种5行(行与行相去2寸,二旁行去沟边各1寸),为什么1沟只有52株呢?而且种禾的行距5寸,株距也是5寸,照此类推,则种麦行距2寸,株距大概也是2寸;若照此计算,则1行刚巧可以安排52株(行长105寸。52株中间有51个株距,共长51×2=102寸,加上两头株各距沟端1寸半,共105寸)。可见"沟"字是"行"字的误写。大概《氾胜之书》因为既然接着上文说来,只需说每行株数,就可算出每沟株数,所以没有再说一沟容多少株;也可能是贾氏为了文字的简洁,节删掉不必要说的每沟株数;但是后人辗转传抄,由于上文既说"一沟容四十四株",就不知不觉地把这一句里的"行"字也改写成"沟"了。因此特为改正。

② 各本《齐民要术》都作"一亩凡四万五千百五十株"。其中也有误字。每沟种麦5行,每行52株,1沟可容260株;1亩360沟,360×260=93600株。上文所说1亩种禾的株数,比计算株数约少了90株,照此类推,则这里种麦的1亩株数也应当约为93550株,这就是说,"四"是"九"字的误写,"五"是"三"字的误写,可能是在辗转传抄中因为字形相近而误写的。这里姑且照此改正。

凡区种大豆，令相去一尺二寸，一行容九株。①一亩凡六千四百八十株。

现在我们根据上述《氾胜之书》所说来研究，首先必须说明两点：（1）1亩地长18丈，广4.8丈，是为了便于设计区田的布置而假设的，不是每块田地都是这样形状的。（2）1亩地长18丈，广4.8丈，则1亩合8640方尺，这是因为汉朝以6尺为步，240方步为亩；和唐以后5尺为步，240方步为亩，1亩只有6000方尺是不同的。

这里是把1亩长18丈的田，横分为15町。每町阔1.05丈。町与町之间有1.5尺阔的人行道。15町加上14条人行道，合共17.85丈，尚余1.5尺，可以在田边各留7.5寸阔的空地。若不留空，则每町应当是1.06丈阔。町长4.8丈（等于1亩田的宽度），每隔1尺开1条1尺阔、1尺深的沟，沟长等于町的阔度，即1.05或1.06丈。每町可开沟24条，1亩共可开沟360条。把谷子或黍种在沟里，每沟44株，分为两行，行间距离5寸，行旁距离沟边2.5寸，合共1尺，和沟阔1尺相符。行中株距也是5寸；每行22

---

① 各本《齐民要术》都作"一沟容九株"，这一"沟"字也是"行"字的误写。因为株间相去1尺2寸，则行长1丈5寸，刚巧可容9株；每沟2行，刚巧1亩种6480株。

株,应当长1.05丈,和町阔1.05丈相符;若有1.06丈,则两头的植株可以有比较宽展的余地。照此计算,则1亩共15840株(15町×24沟×44株=15840株),比原文所说多出90株,大概是准备田边田角或因其他原因可能有缺株扣去的。现在用图来表示整个布置如第一图。

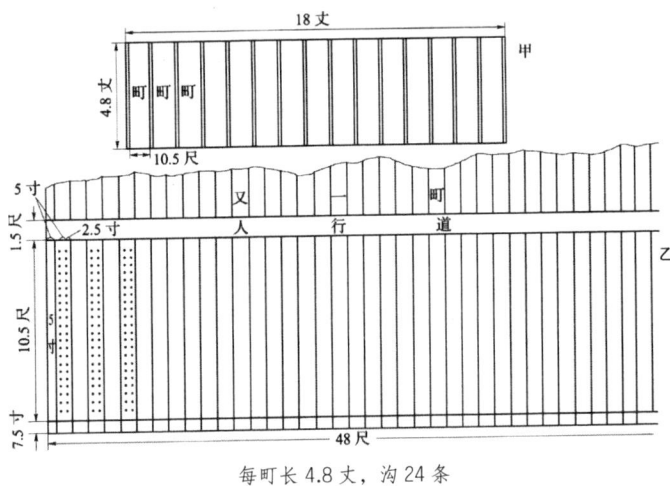

每町长4.8丈,沟24条

第一图　带状区种法布置(一);禾黍
甲、一亩十五町略图　乙、一町布置详图的一角

紧接在这一段后面的是区种麦和区种大豆,其中没有说明町和沟的布置有什么变动,那就应当与种谷子或黍是同样布置的。所以根据这段区种麦的说明和上文联系起来看,町和沟的

划分同上面所说的一样，每沟种麦5行，行距2寸，行旁距沟边1寸；每行52株，株距2寸，整个布置如第二图。1亩共有93600株；如果也准备田边田角或因其他原因可能有缺株而扣去50株，则为93550株。

区种大豆，町和沟的划分也和上面所说的一样，每沟种豆2行，每行9株，行内株距1.2尺。这里没有说明沟内2行的行间距离，但是根据沟宽1尺说，我们可以推想也许是行间距离6寸，行旁距离沟边2寸。整个布置如第三图。1亩共有6480株。

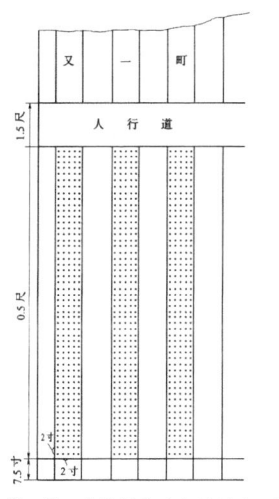

第二图　带状区种法布置图（二）；
麦—町布置详图的一角

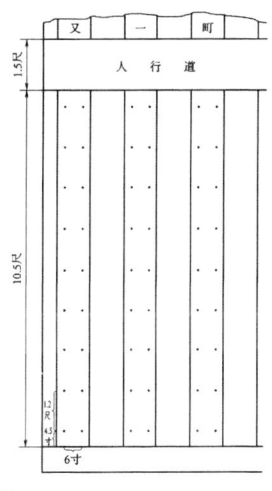

第三图　带状区种法布置图（三）；
大豆—町布置详图的一角

（二）"小方穴区种法"《氾胜之书》原文①是：

> 上农夫区，方深各六寸，间相去九寸。一亩三千七百区。一日作千区。区种粟二十粒；美粪一升，合土和之。亩用种二升。秋收区别三升粟，亩收百斛。丁男长女治十亩。十亩收千石。岁食三十六石，支二十六年。
>
> 中农夫区，方九寸，深六寸，相去二尺。一亩千二十七区。用种一升。收粟五十一石。一日作三百区。
>
> 下农夫区，方九寸，深六寸，相去三尺。一亩五百六十七区。用种半升②。收二十八石。一日作二百区。

这里所说上农夫、中农夫、下农夫，是指土地本身的好坏说的。随着土地的好坏，而采用不同疏密的区的布置。上农夫

---

① 见《齐民要术·种谷》篇。

② 各本《齐民要术》都作"用种六升"，这是错的。按照上文所说计算：上农夫1亩3700区，区方6寸，实际播种面积是133200方寸，用种2升。中农夫1亩1027区，区方9寸，实际播种面积是83187方寸，用种1升。每方寸的播种密度，中农夫区比上农夫区较稀20%。下农夫1亩567区，区方9寸，实际播种面积是45827方寸，即使每6寸的播种密度和中农夫区相同，每亩也只须用种0.552升；如果比中农夫区较稀些，就只须用种半升。这六升也许是六合之误，更可能是半升之误，这里姑且改为半升。

区用于较好的土地，中农夫区和下农夫区用于较坏的土地。这种好坏的区别，不仅是肥瘠问题，也许更重要的是使用管理的难易，所以上农夫区可以1日做1000区，中农夫区只能1日做300区，下农夫区1日做200区。

上农夫区的规定是：每区6寸见方，区与区之间距离9寸，1亩共有3700区。如果仍按1亩地长18丈，阔4.8丈计算，那么打直里可以划分120个区［120区×6寸+119个区间×9寸+2（两端的空地）×4.5寸=1800寸；也可以用更简单的算法算出，1800寸/（6+9）=120区］；打横里可以划分32个区［480寸/（5+9）］=32区；1亩共可划分3840个小方区（120×32=3840），比《氾胜之书》所说多出140区。但是我们不可以这样拘泥。1亩地长18丈，阔4.8丈，不过是为了便于做带状区种法的布置设计而定的，实际上田的形状不一定是这样，所以《氾胜之书》说"令一亩之地，长十八丈，阔四丈八尺"，特地在前面加上一个"令"字。氾氏所说1亩3700区，只是举出一个标准数。上面的计算，虽然多出140区，但是四周空地只留4.5寸，也未免太狭窄了。如果假定1亩地长11.14丈，阔7.54丈强，则打直里可以划分74区，打横里可以划分50区，1亩刚巧可以划分3700个小方区，四周的空地边只有6.5寸宽，也不能算太宽。这一种区田的布置如第四图。

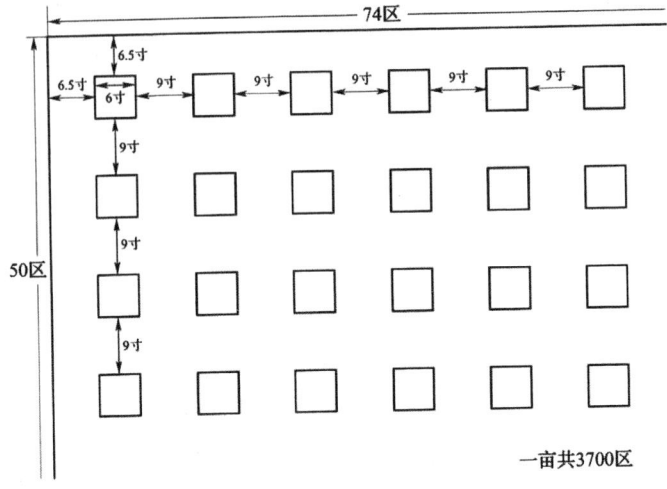

第四图　小方穴区种法布置图（一）：上农夫区

中农夫区的规定是：每区9寸见方，区与区之间距离2尺，1亩共有1027区（79×13=1027）。如果1亩地长22.91丈强，阔3.77丈，则刚巧可以整齐地安排这1027个小方区，而四周空地有1尺宽，相当于区与区之间距离的一半。它的布置如第五图。自然，1亩地的形状很少是这样狭长方形的，我们不必拘泥，氾氏所说只是一个标准数。

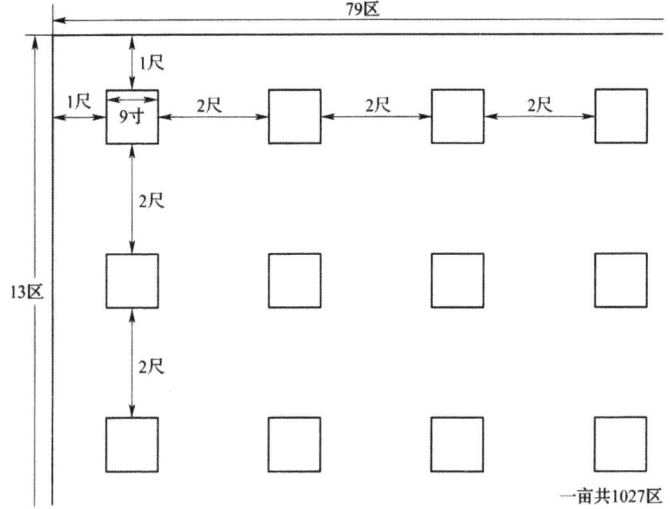

第五图 小方穴区种法布置图（二）：中农夫区

下农夫区的规定是：每区9寸见方，区与区之间距离3尺，1亩共有567区（27×21=567）。如果1亩地长10.54丈，阔8.19丈强，则刚巧可以整齐地安排这567区，而四周空地宽1.5尺强，微多于区与区之间距离的一半。它的布置如第六图。这里氾氏所说也只是一个标准数。

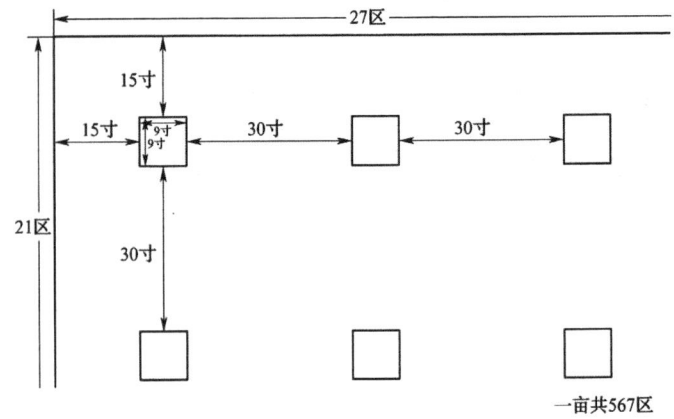

第六图 小方穴区种法布置图（三）：下农夫区

以上所说小方穴区种法，是对区种谷子说的。此外《氾胜之书》还有：

"区种麦，区大小如上农夫区①。禾收，区种。"（见

---

① 各本《齐民要术》都作"如中农夫区"，这个"中"字当是"上"字的误写。因为：（1）《氾胜之书》上文种粟"丁男长女治十亩，十亩收千石"，是指上农夫区说的；这里的"大男大女治十亩，……十亩得千石以上"，文字很相像，也应当是指上农夫区的。（2）上农夫区1亩收小麦100石的丰产标准，等于每市亩收28.875市石，约重4187市斤，已经非常夸大了的；中农夫区的每亩实际播种面积，比上农夫区少了许多，要达到1亩收100石，更不可能。（3）反过来说，中农夫区种粟的产量，差不多只抵上农夫区的一半，按照这种比例说，如果中农夫区种小麦能亩收100石以上，上农夫区应当可以收到200石，合今每市亩收小麦8000市斤以上，更是不近情理。（4）如上文所说，中农夫区是针对较差的土地条件设计的，所以产量标准差不多减低一半；这里既然要求最高的产量标准，不应该采用针对较差的土地条件设计，应当采取上农夫区的设计。因此，我们把这一"中"字改正为"上"字。

《齐民要术·大小麦》）

"区种大豆法：坎方深各六寸，相去二尺，一亩得千二百八十坎①。其坎成，取美粪一升，合坎中土搅和，以内坎中。临种沃之，坎三升水。坎内豆三粒。"（见《齐民要术·大豆》）

这里区种大豆的规定是：每坎（即区）6寸见方，坎与坎之间距离2尺，1亩可做1280坎（40×32=1280）。这1280坎，也

---

① 各本《齐民要术》都作"一亩得千六百八十坎"，其中"六"字当是"二"的误写。因为要得这么多的坎，1亩须大到11356.8方尺〔（0.6+2尺）²×1680坎=11356.8方尺〕，实际1亩只有8640方尺，超出了2716.8方尺，这是不可能的；1亩地无论如何放不下这许多坎。错误的发生，只有两种可能，一是坎数写错了，二是坎与坎之间的距离写错了；坎的六寸见方是不会错的，因为《氾胜之书》说"坎方深各六寸"，如果错在"六"字，必须改为2寸7分弱，才差不多相符，但是深2寸7分，合今市尺还不到2寸（0.693×2.7=1.8711市寸），太浅了。下文有1亩"用粪十六石八斗"，每坎用粪1升，1680坎正是须用粪16石8斗，似乎坎数不会错。但是如果错在坎与坎之间的距离，把2尺改为1尺，则1亩地可做3375坎〔8640/（0.6+1）²=3375〕，相差太多；改为1尺2寸，1亩地还可以做2666坎；改为1尺6寸，1亩地还可做1785坎；必须把2尺改为1尺6寸7分弱，才是大致相符。但是不可能把1尺6寸7分弱误写为2尺，而且也不会把坎距规定到分位。若说错在坎与坎之间的距离，也是不合理的，不可能的。那么错误只有发生在坎数了。按照坎方6寸，坎距2尺计算，则1亩地约可做1280坎，合8652.8方尺〔（0.6+2尺）²×1280坎=8652.8方尺〕，比1亩8640方尺多出12.8方尺。只要坎到田边的距离缩短3分4厘多，就可以了；缩短后仍有9寸6分6厘（9.66寸）弱，并不狭窄，和坎与坎之间距离的一半相差有限，那是完全可以的。这个数字既然这样凑巧，所以"千六百八十坎"中的"六"字显然是"二"字的误写。因此特为改正。

像上面所说一样，只是一个标准数。如果1亩地长10.393丈强，阔8.313丈强，则打直里可以安排40坎，打横里可以安排32坎，1亩刚巧可以整齐地安排下1280坎；坎和田边距离9.66寸弱，比坎距2尺的一半只短了3分多。这种区种法的布置如第七图。

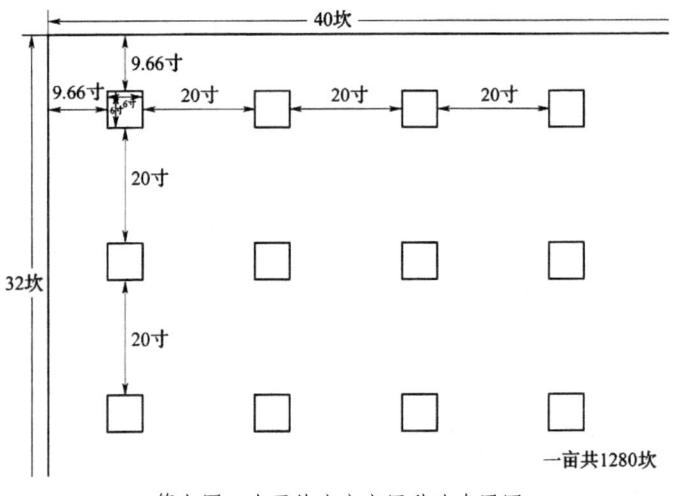

第七图　大豆的小方穴区种法布置图

为什么要有这些不同的布置方式呢？那是为了适应不同的土地和作物情况。带状区种法只能用于平地；氾氏把这一方法放在前，而且也是较精细的方法，似乎在平地应当优先采用这种方法。小方穴区种法可以用于斜坡，又随土地的好坏而有上、中、下农夫区的区别。

以上是单就农作物的区种法说的。此外《氾胜之书》还有区种瓜、区种瓠、区种芋等，区的大小和区距又各不同：

"区种瓜：一亩为二十四科。区方圆三尺。"（见《齐民要术·种瓜》）

"种瓠法……做区方深一尺。以杵筑之，令可居泽。相去一步。"

"区种瓠法……先掘地做坑，方圆深各三尺。"（此二条并见《齐民要术·种瓠》）

"种芋，区方深皆三尺。"（见《齐民要术·种芋》）

这里所说"一亩为二十四科"的"科"，就是坎的意思。《孟子·离娄下》"源泉混混，不舍昼夜，盈科而后进"，赵岐注："言水不舍昼夜而进，盈满科坎。"科坎双声。每坎方圆3尺，就是对径3尺。1亩24坎，等于1坎占地360方尺（8640/24=360），即18.9736尺弱见方，取其整数则为19尺见方。据此计算，则坎方3尺，坎与坎之间距离16尺。因此区种瓜的整个布置如第八图。

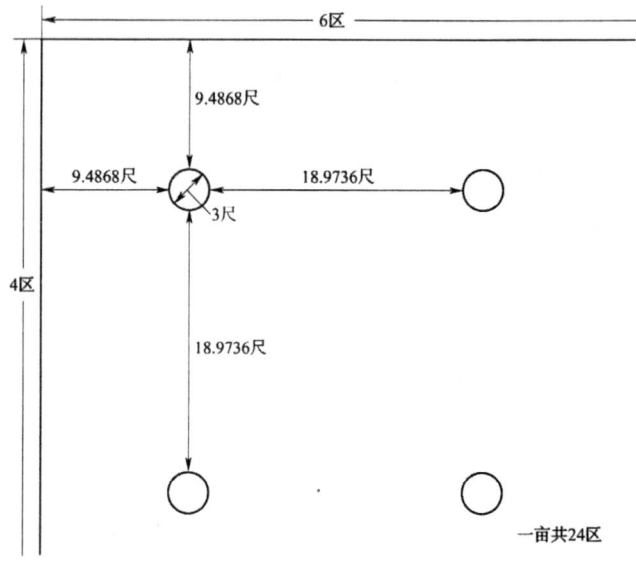

第八图　区种瓜法布置图

区种瓠，每区1尺见方，区与区之间距离1步，即6尺。如此则每区占地49方尺，1亩约可做176区（8640/49=176+）。它的布置如第九图。

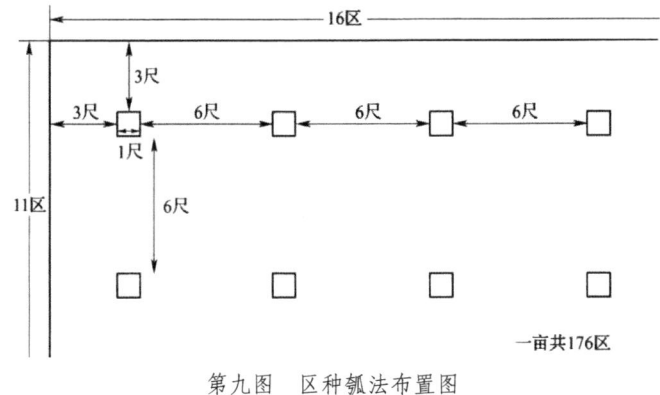

第九图　区种瓠法布置图

又一种区种瓠法和区种芋法,只说区方3尺,没有说明区距,无从绘图表示。

三、氾氏区田法的耕作技术与丰产目标

(一)整地　《氾胜之书》说:"区田不耕旁地,庶尽地力。"又说:"凡区种,不先治地,便荒地为之。"它是按照一定的布置方式(如上节所说的),掘成长条的(即带状区种法的沟,沟即是区)或小方形的区,只在区的范围以内精耕细作。

《氾胜之书》所说沟深1尺,区深6寸,种禾黍于沟内或区内,很容易使人误会沟内或区内的土面是比地平面低下去1尺

或6寸的。如果是这样，凿沟掘出来的土堆向哪里去呢？把较肥的表土去掉，而把作物种在1尺以下的心土上，也是不合理的。所以实际情况应当是：在沟的范围以内，把土掘松到1尺深，掘松的土仍旧堆积在沟内，即《氾胜之书》所说"积壤于沟间"。但因土被掘松后，体积增加，如果完全堆积在沟的范围以内，势必高出于地面很多，那就变成高畦，和干旱地区需要保墒而不需要排水的要求是抵触的；所以必须把掘出来的松土的一部分，堆积到沟旁的土壤上，这就是《氾胜之书》所说"尝悉以一尺地积壤，不相受，令弘作二尺地以积壤"，这样做的结果，可能有意识地做到使堆到土埂上面去的松土高于沟内土面，使沟的范围以内仍旧成为低畦。做小方穴区的方法大概也是这样。这种低畦的沟或小方形浅穴的区，便于接受浇灌的水，同时又能减低土中水分的蒸发量，就很适合于干旱地区的要求了。这是区种法的一个特点。

所以有人主张"区"字应当读欧，就是表示从地面凹下去的意思。我也同意这一说法。《氾胜之书》区种大豆法中称作"坎"，区种瓜法中称作"科"，区种瓠法中称作"坑"，都是和"区"一样，表示从地面凹下去的意思。不过现在一般读若区划的区，我想不如依照一般的音读。

带状区种法掘土到1尺深，合今7市寸，耕地比一般的习惯深，这是符合深耕的要求的。小方穴区种法的深度较差，可能是因为土地不好，不容易或不一定可能掘到1尺深的缘故。至于区种瓠和区种芋，还有掘到3尺深的。

（二）施肥 《氾胜之书》说："区田以粪气为美，非必须良田也。"一开始就指出施肥在区田法中的重要性。其后又说："上农夫区，……区种粟二十粒，美粪一升，合土和之。"区种大豆法中说："其坎成，取美粪一升，合坎中土搅和，以内坎中。"区种瓜法说："一科（即坎）用一石粪，粪与土合和，令相半。"区种瓠法说："用蚕沙与土相和，令中半，著坑中，足蹑令坚，以水沃之。候水尽，即下瓠子十颗；复以前粪覆之。"种芋法说："取区上湿土与粪和之，内区中萁上，令厚尺二寸。"这些表示：区田法很重视基肥。

此外《氾胜之书》又在溲种法中说"如此则以区种之"，用经过"溲种"处理后的种子，播种在区田里。溲种法主要是：用兽骨斫碎，和水煮过，取骨汁渍附子三四日，漉去附子，加入蚕矢羊矢，挠令如稠粥，在播种前20天拌附在种子上；只在天气干燥时溲种，干得很快，第二天再溲，溲过六七遍，晒干贮藏，留待播种。在这一方法中，附子有何作用，还待试验，也许主要作用就在套附在种子外面的一层粪壳，随同种子下到土里，相当于今日所谓种肥（或称补肥），使幼苗根系可以及时地在它附近取得足够的资料,生长旺盛。这样,又在重用基肥的基础上配合着使用种肥。

(三)播种与行列　播种的疏密、植株的排列以及土地利用率,和上节所说区田的布置方式有密切关系。现在把上述每亩株数,折算为每市亩株数,列表如下:

表1　几种区种法的每亩株数

		每汉亩株数	折合每市亩株数
带状区种法	粟或黍	15750	22773
	麦	93550	135266
	大豆	6480	9370
小方穴区种法(上农夫区)	粟	74000	106998

根据上面的计算,小方穴区种法的粟的播种量,合每市亩10万粒以上,比现在一般所用的播种量多得多。粟的带状区种法,每市亩22773株,和现在各地的习惯差不多,但是它有一定的株行距,比现在的疏密不一而多缺株的好得多。小麦的带状区种法,相当于播幅8寸(汉8寸=18.48公分=5.544市寸),幅内5行,株行距各2寸(=1.368市寸),幅与幅距离1.2尺(=8.316市寸),每市亩135266株,比现在的一般习惯密得多。大豆的株数比较少,《氾胜之书》本说"大豆须均而稀"。

"等距、密植、全苗"是争取丰产的重要环节,麦的带状区种法很能符合这种要求。粟黍的带状区种法虽不算密,等距和全苗是要做到的。

有人认为密植不能凭每亩株数,还要注意土地的利用百分率。区田法的耕作与播种,限于各个区的范围以内。若把区的面积作为实际利用面积,则利用百分率是很低的。

表2 几种区种法的土地利用率

	一亩地内的实际播种面积	实际播种面积占总面积的百分率
带状区种法	360沟 ×10.5尺 ×1尺 =3780方尺	43.75%
小方穴区种法 上农夫区	370区 ×0.6尺 ×0.6尺 =1332方尺	15.42%
中农夫区	1027区 ×0.9尺 ×0.6尺 =831.87方尺	9.63%
下农夫区	567区 ×0.9尺 ×0.9尺 =458.27方尺	5.30%

但是在带状区种法里,播种虽限于沟内,茎叶则伸出沟外;沟宽1尺,合今7市寸弱,本不很宽,到了茎叶长大茂盛时可以封闭地面。比如条播法,播种虽限于各行之内,行与行之间有空地,此空地也不能算没有利用。又如区种瓜法,播种虽限于24个坎内,瓜蔓则布满全亩;坎与坎之间虽是没有播种的空地,然为分布瓜蔓所必需。因此,带状区种法的土地利用率

是否可以这样计算，也有问题。小方穴区种法因为区与区之间空地太多，特别是中、下农夫区，土地利用率确实是很低的。

而且带状区种法相当于今日所谓宽窄行条播法，不但植株在行内等距，使每株都有适当的生活空间，根据现代植物生理学的研究，在利用日光这一点上还有一种特殊好处。植物在夏季对于日光的吸收利用率，以上下午日光斜照时最强，到了中午温度很高时，光合作用在事实上已经停止。所以带状布置使播幅与播幅之间有较宽的距离，使植株在行列间有较多的接触斜照日光的机会，因而提高对日光的吸收利用率，亦即提高植物体内的有机养分的产量而导致丰收。若是植株行列是南北行的，尤其合于理想，不但可以充分利用上下午的斜照日光，而且行列中的各个植株，可以有接触斜照日光的均等机会，不致像东西行那样会有偏枯不匀的弊病，只有向南的一面接触到斜照日光，向北的一面不能接触到。此外，干旱环境的晴天多而阴雨少，又给以利用日光的便利。

（四）**灌溉和保墒**　区田法是针对干旱环境设计的，所以水的供应问题非常重要。因此把作物种在低畦或浅穴里，以便保墒；同时强调"负水浇稼"，并且说"区种，天旱常溉之，一亩常收百斛"，把灌溉当作获得丰产的关键。对于园艺作物，还有特殊的安排。

区种瓜法说：用一个能盛三斗水的瓦瓮埋在每一个区（区方三尺）的中央，使瓮口和地面相平；瓮里盛满水；用瓦盖在瓮口上；瓮里的水如果减少了，随即加水，经常使它盛满了水。这里所用的瓦瓮当然是没有上釉的，水不断从瓮壁向外渗漏，种在瓦瓮四周的四株瓜蔓，可以不断地得到适量水分的供给，而不至有一时过多、一时过少的弊病。而且这种在土内灌溉的方法，免掉地面流失，减少地面蒸发，节省灌溉水量，特别在氾氏所处的北方干旱环境中最有经济意义。用水管埋在土内灌溉，还会有水温易于偏低的弊病，而氾氏用瓦瓮盛水，瓮口平着地面，还有能够保持水温的优点。

区种瓠法说：在坑（即区）的周围掘一道小沟，深四五寸，在沟里停留着水，使水从远处渗过去（"令其遥润"）；不可以在坑里浇水。这种方法也是周到而合理的。

区种芋法说："区方深皆三尺。取豆萁内区中，足践之，厚尺五寸。取区上湿土与粪和之，内区中萁上，令厚尺二寸，以水浇之，足践令保泽。取五芋子置四角及中央，足践。旱数浇之。萁烂。"我想这里豆萁的作用主要是蓄水保墒。因为豆萁在土中是否来得及腐烂而发生肥料的作用是有问题的。种芋在春季，隔年的干枯豆萁较难腐烂；若土中这一层经常饱和着水，更难腐烂。也许所谓"萁烂"，只是处在半腐烂状态，吸水蓄水的能力很强。如果是这样，一尺半厚一层的半腐烂的豆萁，在蓄水保墒方面会起重大作用，但供给养料的作用很有限。

（五）除草及其他　《氾胜之书》说：区里生了草，要连根去掉。区间的草，用铲子铲掉，或用锄头锄掉。到了禾苗已经长大，不能拔草锄草的时候，就用弯钩形的镰刀贴着地面把草割掉。这里指明：对除草很重视，区里和区与区之间的杂草都随时细致地去掉。

又区种麦法说："麦生根成，锄区间秋草。缘以棘柴律土壅麦根。……春冻解，棘柴律之，突绝去其枯叶。区间草生锄之。"这里除"除草"外还提出两个问题，壅土和春冻解时的耙田。

另外，区种麦法中还说："禾收，区种。"指出在谷子收获后种麦，区田法也配合着采用轮栽制度。

现存《氾胜之书》本文只是原文的一小部分，关于区田法部分，可能已是节删过的，能够看到的可能已不是《氾胜之书》所说区田法的全豹。但是即使就现在残存的一部分（但可能是其中主要部分）来看，上述一系列的合理规划和精细而周到的管理与操作，确实是可以导致丰产的。

但是氾胜之把丰产目标提得特别高，1亩收获100石，是否可能呢？我们还得实事求是地检查一下。

现在先把《氾胜之书》所说的每亩产量，并折算为每市亩市石数[①]，列表如下：

表3　几种区种法的每亩产量

		每汉亩产量（汉石）	折合每市亩市石数
带状区种法	粟	100	28.875
	麦	100	28.875
小方穴区种法	粟（上农夫区）	100	28.875
	粟（中农夫区）	51	14.726
	粟（下农夫区）	28	8.085

每市石粟约重135市斤，今假定为135市斤，则每市亩产粟3898市斤。每市石小麦约重145市斤，今假定为145市斤，则每市亩产小麦4187市斤。这两个数字，都远远超过最近几年全国的最高丰产纪录，大了2～3倍。是否可能呢？

我们还可以从理论上计算一下。苏联小麦先进生产者以争

---

① 汉1尺=0.693市尺。汉时以6尺为步，240方步为亩。因此，汉1亩=（$62 \times 240 \times 0.6932$）/6000=0.69155856市亩。又汉1斛亦称1石，1斛=10斗；汉1斛=1620立方汉寸。汉1寸=2.31公分；1市升=1000立方公分。因此，汉1斛=（1620×2.313）/（10×1000）=1.996875342市斗。汉10石=1.996875342市石。因此，汉1亩收获10石，折合为市亩市石数是1∶0.69155856=x∶1.99687342，x=1.996875342/0.69155856=2.8875市石。即每市亩可收获2.8875市石。

区田法的研究　／　193

取每平方公尺上有1000个穗为目标（丰产模范ЕФpemob实际达到800~900个穗）。根据上述每市亩小麦135266株计算，每平方公尺合203株；加上有效分蘖也不容易达到1000个穗。每穗粒数，现在一般只有20多粒，30多粒已经算是较好的；我国古老传说就以麦穗60粒为难能可贵，要1亩地里的麦穗平均达到60粒，在现在仍是困难的。我国小麦的千粒重，一般不到30公分；苏联现在丰产者要求千粒重不少于37~38公分，实际也间有重到40公分以上的。我们假定区田法全部可以达到这些最高标准，即每平方公尺1000穗，每穗60粒，千粒重40公分，那就每平方公尺产小麦2400公分，也就是4.8市斤。折合为每市亩产量，应是3600市斤。用这样一系列的理想标准来计算，还只能达到每市亩3600市斤，比区田法丰产标准还少了587市斤，或14%强。因此，我们不得不说，氾氏在2000年前的技术条件下，把每亩产量提到这样高，是非常夸大了的。

小方穴区种法的每亩实际播种面积，即使在上农夫区，也只有1332方尺，占1亩总面积的15.42%，比带状区种法的实际播种面积少得多；虽然粟的播种量比较多，但是分布不如带状区种法那样的均匀；因此每亩产量似乎还不能赶上带状区种法。《氾胜之书》说每亩用种2升，可收100石，收获量比种子量增了5000倍，也就是每粒种子平均要产出5000粒。这是不是可能呢？也不妨从理论上检查一下。粟的穗长，种子多，如果植株有适当的生长地盘和充分的肥料和水的供应，分蘖加多，1棵植株是不难产生5000粒以上的种子的。问题在于20粒种子下在6寸见方（合今4.158市寸见方）的小区里，能不能让它们有足够的余地来加多分蘖，使每区能产出10万粒（20×5000）种子呢？这很成问题。事实上恐怕很少可能。

中农夫区的产量标准，比上农夫区几乎降低了一半。但是每亩的实际播种面积（831.87方尺，占1亩总面积的9.63%），也只相当于上农夫区的62.46%，土地又是较差的，而产量仍高至折合每市亩产粟14.726市石，约重1988市斤，还高于近年全国的最高纪录，可见也是非常夸大的。

下农夫区的产量，完全是按照它和中农夫区每亩区数的比例推算出来的。因为二者都是9寸见方的区，所以可按区数的比例推算，如：

中农夫区　下农夫区　中农夫区亩产　下农夫区亩产
1027　　：　567　　＝　　51　　：　　x
$x=（567×51）/1027=28.15$石

去掉小数，就是《氾胜之书》所说的1亩收28石。所以也同样是非常夸大的。

总之，氾氏所说区田法中的一系列技术要点是基本上合理的，确实可以借此获得高额丰收的；但是氾氏所说的每亩产量，提高到"亩收百斛"的标准，显然是非常夸大了的。

氾氏的这种丰产目标的提法，可能出于两种原因：首先是氾氏大抵只是根据一种理想的目标推算，不是根据实践结果的。例如上农夫区1亩3700区，每区种粟3升，这3升的收获量实是一种理想标准（也许氾氏会在小区试验而获得近于3升的收获，但不是大田实践的平均数），根据这一理想标准计算，3700区×3升=11100升，去掉零数就是100石。又如下农夫区的产量，更加明白地透露出，是从中农夫区的产量推算出来的；而中农夫区的产量，也有从上农夫区的产量约略推算后，加以相当折扣而得来的痕迹。其次是氾氏故意把丰产标准夸大了一些，使富有鼓动作用，以利于他的区田法的推广。

四、氾氏区田法的产生

《氾胜之书》说"汤有旱灾，伊尹作为区田"，明白指出这种区田法是伊尹创始的。如果这是真话，区田法到氾胜之时已经大约有1600年的历史了。但是这话是不可靠的，就商初的一般农业技术条件说，绝不可能产生像区田法那样先进的农田丰产技术。而且如果商时真有区田法，为什么甲骨文中没有丝毫影踪，先秦以至西汉中叶的书籍中也从来没有提到过呢？那时人们著书立说，常有假托古人的习惯，《氾胜之书》所谓"伊尹作为区田"，也不过假借古代有"汤有七年之旱"的传说而托名的。从区田法最先见于《氾胜之书》，一出现就是那样的一种成套的农田丰产技术，再结合着氾氏本是古代杰出的农学家，《氾胜之书》已在多方面表现出农业技术的先进性等一系列的事实来看，区田法很可能就是氾胜之自己总结多年来农民经验而加以提高倡导的。我们这样说含有两层意义：一是氾氏对区田法有着创造性的总结与提高的功绩，甚至区田法这个名称也可能是他提出的；二是区田法绝不是突然出现或凭空创造的，它的技术内容是有着一定的物质基础和源远流长的来历的。

把作物播种在低畦或浅穴是区田法的最突出的一个特征。让我们先就这一特征追查它的根源。

《汉书·食货志》说："武帝末年……以赵过为搜粟都尉。过能为代田。一亩三甽，岁代处，故曰代田，古法也。后稷始甽田，以二耜为耦，广尺深尺曰甽，长终亩，一亩三甽，一夫三百甽，而播种于甽中。苗生叶以上，稍耨垄草，因隤其土以附苗根。故其诗曰:'或芸或芋,黍稷儗儗。'(按此见《小雅·甫田》)芸,除草也,芋,附根也,言苗稍壮,每耨辄附根,比盛暑,垄尽而深根,能风与旱,故儗儗而盛也。"

甽本是田里的小水沟。《考工记》[①]说:"匠人为沟洫。耜广五寸,二耜为耦,一耦之伐,广尺深尺谓之甽。"周至汉初以6尺为步,100方步为亩,而且习惯以宽1步、长100步为1亩。所以上文说"广尺深尺曰甽,长终亩";"一亩三甽,岁代处"。这就是说,把6尺宽的亩,隔1尺掘1条1尺宽1尺深的甽,甽与甽之间的1尺宽的土埂就叫作垄,因此1亩有3条甽,3条垄。把作物种在甽里,这就叫作甽田。把今年的甽所在地到明年留作垄,今年的垄所在地到明年掘作甽,这就是所谓"岁代处",叫作代田。

这里值得注意的是:氾胜之的带状区种法,每隔1尺开1条1尺宽1尺深的沟,种禾黍于沟中,恰巧和这里所说甽田法相同。所不同的只是:甽田法在1亩里掘成3条600尺长的沟,而氾氏则在1亩里掘成360条10.5尺长的沟。所以很显然,氾氏的区田法至少有一部分出自"代田"或"甽田"。

---

① 《考工记》,今附编在《周礼》内,也许是战国时齐的作品,公元前4世纪以前。

赵过推行代田法的时候，前于氾胜之约60年。而《汉书·食货志》还说代田是古法，追溯到后稷的甽田法；而且引《诗经·甫田》为证，好像周初就是采用这种方法。追溯到这样古是不可靠的。相传周的始祖弃是舜时的农官，称作后稷，因此战国时关于农事的著书立说会托名于后稷。《吕氏春秋》的《上农》《任地》等篇一再说"后稷曰"，《氾胜之书》也提到后稷法，可能在战国至汉初有托名"后稷"的古农书。在赵过之前就已经有所谓甽田法也许是可能的；但不能早于战国，绝不是真的创始于周的始祖后稷。

甲骨文有畎字，即甽字，是"畎"字的古文；但指田中小沟，供排水或灌溉用。《吕氏春秋·辩土》篇说："大甽小亩为青鱼胁，苗若直猎，地窃之也。……故亩欲广以平，甽欲小以深。……是以亩广以平则不丧本，茎生于地者五分之以地。"这里的亩是指垄说的。大意是说：应当垄宽而甽狭，把作物种在垄上。再从"茎生于地者五分之以地"来看，也许是甽宽1尺，垄宽5尺，种苗5行，各占垄上地面的五分之一。但是《吕氏春秋·任地》篇还有这样一句："上田弃亩，下田弃甽。"意思是说：在高旱的田，要弃垄不种而种在沟里；在下湿的田，则弃沟不种而种在垄上。这种种在沟里的办法，实际就是一种甽田法。

为什么会产生种在浅沟的甽田法呢？这是和干旱环境分不开的。我国由于排水灌溉的需要，早就有了甽。撒播虽然是想播种在垄上，同时很容易有一些种子散布到甽里。遇着干旱时，这些甽里种子生出的禾苗，必然生长较好。农民看到这种现象，就会逐渐地——起初是偶然地，慢慢变为有计划地，逐步改进地——产生甽田法。

综合以上所说，可见区田法的产生，一方面由于适应自然环境的需要，另一方面，源出于赵过的代田法或更早的甽田法。甽田法的创始时期，就有记载的来说，至少可以追溯到战国时代。田间掘甽的方法则更古，商代甲骨文中已有甽字，距今3300年以上。

除此以外，区田法的一系列的丰产技术，也是由于农民在多少世代以来积累了颇为进步的经验与知识，才能在这种基础上加以总结提高。《吕氏春秋·辩土》篇里已经有一套关于播种密度的颇为完整的理论和方法：每株苗要给以一定的地盘，不多不少，纵横成行。《孟子》已说"深耕易耨"。肥料的施用，也早已在战国时代受到重视。除草务尽的认识与实践，发生得更早。战国末到氾胜之时，又经历200年，当然还有进步。区田法的丰产技术，就是在这样的基础上发展起来的。

五、自汉以来推行和试种的结果

氾氏提出区田法1亩生产粮食100石,这个高额丰产目标是很能吸引人的。氾氏之后约300年,嵇康(223—262年)在他的《养生论》中说:"夫田种者,一亩十斛,谓之良田,此天下之通称也。不知区种可百余斛。田种一也,至于树养不同,则功收相悬。谓商无十倍之价,农夫百斛之望,此守常而不变者也。"①他显然是相信亩产百斛的可能的。嵇康之后千余年,《王祯农书》(1313年)中又记载:"每亩可收六十六石;今人学种,可减半计之。"②虽然由100石减为66石,再减半为33石,在当时仍是高不可攀的丰产。③王祯之后又300多年,耿荫楼在他的《国脉民天》说:"古人依此法布种,每区可收谷五升,每亩可收谷三十三石。今人学种可减半。"④他又在王祯所说的减半基础上再减半,但仍是极高额的丰产,十倍于常田。因此,自汉以来,不断有人推行或试验区田法;直

---

① 见《文选》卷53。
② 详见下第六节。
③ 元时度量和汉代不同,不可单按数字比较。
④ 《区种十篇》第9页。

到现在，仍有人倡议或考虑采用。兹先按照年代先后，摘记推行或试种的事例于下，然后进行分析。

后汉明帝"通使区种增耕"（此事约在68—75年之间）。《后汉书·刘般传》："是时下令禁民二业。又以郡国中疫，通使区种增耕。而吏下检结，多失其实，百姓患之。般上言，郡国以官禁二业，至有田者不得渔捕。今滨江湖郡，率少蚕桑，民资渔采，以助口实；且以冬春闲月，不妨农事。夫渔猎之利，为田除害，有助谷食，无关二业也。又郡国以牛疫水旱，垦田多减，故诏敕区种，增进顷亩，以为民也；而吏举度田，欲令多前，至于不种之处，亦通为租。可申敕刺史二千石，务令实核，其有增加，皆使与夺田同罪。帝悉从之。"三国魏邓艾在今陕西区种（约在256—263年）。《三国志·魏志·邓艾传》："昔姜维有断陇右之志。艾修治备守，积谷强兵。值岁凶旱，又为区种。身被乌皮，手执耒耜，以率将士。"晋郭文在余杭山中"区种菽麦"（4世纪）。《晋书·郭文传》："洛阳陷，乃步担入吴兴余杭大辟山中，穷谷无人之地。……恒着鹿裘葛巾，不饮酒食肉，区种菽麦，采竹叶木实，贸盐以自供。"这些是由于特殊原因（刘般谏汉明帝不要通令区种增耕，使吏胥可以借此度田增税害民；段灼为邓艾申诉因功被杀的冤屈；郭文因为有与众不同的行谊），才被偶尔记载下来的点滴事例；寻常的农民实践，很少会引起文人的注意而被记载的。所以实际从事区种的，可能远多于此数。

后魏贾思勰在他的《齐民要术》（6世纪30年代）里除广泛引用因而保存了《氾胜之书》的区田法之外，还另载有自己写作的区种瓜法；并且在小注中说："西兖州刺史刘仁之，老成懿德，谓余言曰：'昔在洛阳，于宅田以七十步之地试为区田，收粟三十六石。'然则一亩之收，有过百石矣。少地之家，所宜遵行之。"

金曾强制推行区田。明昌五年（1194年）令农家有田百亩以上的，如果在近河容易取得水的地方，要区种三十余亩。承安元年（1196年）颁行区田法，凡男子十五岁以上、六十岁以下，有田地的，每丁种区田一亩；一户人丁多的，种到五亩为止。后来改为不限田数；最后又改为随宜劝谕，不加督责，也没有行得通。《金史·食货志》："区田之法，见嵇康《养生论》。自是历代未有天下通用如赵过一亩三甽之法者。章宗明昌三年三月，宰执尝论其法于上前。上曰：卿等所言甚嘉，但恐农民不达此法。如其可行，当遍谕之。四年夏四月，上与宰执复言其法。久之，参知政事胥持国曰：今日方之大定间，户口既多，费用亦厚，若区种之法行，良多利益。上曰：此法自古有之，若其可行，则何为不行也。持国曰：所以不行者，盖民未见其利。今已令试种于城南之地。乃委官往监督之。若使民见收成之利，当不率而自效矣。参知政事夹谷衡以为若有其利，古已行矣。且用功多而所种少，复恐废垅亩之田功也。上曰：姑试行之。六月，上问参知政事胥持国曰：区种事如何？对曰：六七月之交，方可见矣。又问河东及代州田种，今岁佳否。曰：比常年颇登。是日命近侍二人，驰驿巡视京畿禾稼。五年正月，敕谕农民使区种。先是陈言人武陟高翌上区种法，且请验人丁地土多少，定数令种。上令尚书省议。既定，遂敕令农田百亩以上，如濒河易得水之地，须区种三十余亩，多种者听。无水之地，则从民便。仍委各千户、谋克、县官依法劝率。承安元年（1196年）四月，初行区种法。男年十五以上、六十以下，有土田者，丁种一亩；丁多者五亩止。二年二月，九路提刑马百禄奏，圣训农民有地一顷者，区种一亩，五亩即止。臣以为地肥瘠不同，乞不限亩数。制可。泰和四年（1204年）九月，尚书省奏，近奉旨讲议区田，臣等谓此法本欲利民，或以天旱，乃始用之，仓卒施功，未必有益也。且五方地肥瘠不同，使皆可以区种，农民见有利，自当勉以效之。不然，督责虽严，亦徒劳耳。遂敕令所在长官及按察司，随宜劝谕，亦竟不能行。"

元代也曾经推行区田。《元史·食货志》说：至元七年（1270年）颁布农桑之制十四条，其中有"田无水者凿井，井深不能得水者听种区田，其有水田者不必区种；仍以区田之法散诸农民"。又《泰定帝本纪》泰定二年（1325年）"右丞赵简请行区田法于内地"。《王祯农书》也说："如向年壬辰（1292年）戊戌（1298年）饥歉之际，但依此法种之，皆免饿殍，此已试之明效也。"此外陆世仪在他的《思辨录》说："及读《元史》，见元时尝以此法下之民间，教民如法耕种，民卒不应；又特遣专官分督究竟，迄无成功。"① 又说："元时最重区田法，诏书数下，令民间学种区田，民卒不应。岂区田不便，反不如缦田欤？抑小民难与虑始也。"②

明耿荫楼说："先君尝率余为此，因家业窘甚，分于读书，多不如法，收获只少浮常数。迨家叔为之，则日夕心力尽用于此，一切粪种耕耘，皆属手治，已得法之七八矣。其苗则叶大如芦，粒饱如黍，高出如墉，穗长二尺，把之盈围。每地一分，获粒一石五斗，亦既半及古人，十倍今人矣。作之不已，则三十三石之说，岂虚诞哉？惜年力衰倦，后复令人代作，则又不如法矣。力农之家鉴之。"③

---

① 《思辨录辑要》卷11。
② 《思辨录辑要》卷15。
③ 《区种十种》第10页。

清初陆世仪说:"予尝仿其意一为之(此事约在1646—1671年之间),未尽其妙,然大约亦可倍收。一亩六十六斛谷,则未必也。"①

朱龙耀在他的《区田说》中说:"今(1714年)分防平定(在山西省),仍于隙地依法布种,大约一区可收谷五升,一亩可三十石。"②又孙宅揆在他的《教稼书》序中说:"辛丑(1721年)仲夏,于平恩刘君处见太原副守朱公《区田说》,详而有理,皆近世老农所未闻。刘君言其试种之效,虽未能尽如图说,然较寻常之亩所获则数倍;乃初种尚未得法,而粪又未蒸,且天旱未浇之故也。闻山西颇有依法种者,所获仍如图说。"③

王心敬(陕西鄠县人)在他的《区田法》中说:"昔余当庚子(1720年)辛丑(1721年)大旱时,亦曾力务为此;虽人事未至精到,要之工力颇勤,亦只可亩收五六石而止。彼亩收六十石、三十石之说,或古人诱人力务区种之旨乎?然如大旱之岁,邻田赤地千里,而区田一亩独有六七石之获,果若数口之家能殚力务成二三亩区田,便可得全八口之家父母妻子之

---

① 《思辨录辑要》卷15。
② 《区种十种》第41页。
③ 《区种十种》第39页。

命,其收效不亦宏且厚耶!"①

雍正二年(1724年)直隶巡抚李维钧在保定城内,赁地二亩,雇人试行,其布种灌溉,尚未如法,而一亩之地,已收谷十六石。②

帅念祖在他的《区田编》(1742年)说:"广顺别驾方鸣夏客兰州时,教张姓者治区田一亩,得谷三十六石;后归江宁,以法语其族人,亦治区田一亩,得谷三十八石。余与建昌观察李公余三各于衙署仿行之,收获皆符其数。明效大验,指不胜屈,不可忽视也。"③

《修齐直指》(1776年)内"好亩抵十之法"的注中说:"亲身试过(在陕西),一亩能收八石。"刘光蕡对此条的评语说:"省城(指西安)西仓中有碑,雍正时试其法,有收至十余石者,先生云收八石,其可信也。"④

盛百二在他的《增订教稼书》中说:"近时(1778年以前)詹公文焕监督大通桥仓场(在北京东郊),于官舍隙地试

---

① 《区种十种》第57~58页。
② 见《区田编》陈汉章跋刊本及张百城重刊本。
③ 《区种十种》第14~15页。
④ 《区种十种》第80页。

之,其收不过比常田四五倍。"①邓汝功为是书所作序(1772年)中说:"区田之法,吾乡(山东聊城)有行之者,其利二十倍于常。"②又邓所作记述插入这书本文中的《架谷法》说:"往见人家区田架谷之法甚妙。……每亩约收八九十石,久之可至百石。"③

潘曾沂于1828年在苏州娄门外募人试种,1829年又在葑门外试种,获得丰收。同里"副贡沈传桂、岁贡尤崧镇、沈秉钰、彭蕴璨、并城外叶姓、吴姓等所种,亦有成效"④。又奚子明的《多稼集》说:"道光戊子(1828年),吾郡潘功甫(即潘曾沂)舍人于娄门外课农区种,稻生五穗,穗各三百余粒,著作《丰豫庄本书》。庚寅(1830年),石琢堂(名韫玉,曾为潘氏《区田说》作序)先生出贽,令门人叶味三于西津桥种之,地约八分,得谷八石,犹以地瘠工拙之故。此余所目击,人所共知者。壬辰(1832年),青浦陆莱庄(名我嵩,也曾为潘氏《区田法》作序,今保存在邓琛编刊的《区田法》中)先生自闽丁艰归,闻舍人行区田法,遂乞其书,属倪九方

---

① 《区种十种》第91页。
② 《区种十种》第87页。
③ 《区种十种》第97页。
④ 《区种十种》第129页。

孝廉、王笠华茂才试法于青浦。"①

"咸丰七年（1857年），河南许州绅士陈氏子勤，试种区田桌面大两方，约八区，共收小米谷市斗二斗。一亩地除不种之外，应种六百五十区。以陈试种八区二斗计算，一亩应收谷子十六石二斗多。"②

"咸丰八年（1858年），又有河南温县东乡平皋地方绅士原氏昆仲峰冠、峰峻，试种区田小米谷一分地，即亩十之一也，共收谷仓斗六斗，核温县十六桶市斗四斗。据原氏云，彼处是年夏间若不遭大风冷子，此一分地足可收谷市斗一石，即仓斗一石六斗；若以亩计，则十六石矣。变通区田法，原亦试种，收数与区田等。"③

大约在1857年前后，陈溥打算在四川井研经营区田。他对区田抱着很大的希望，在他给朋友的信中说："今只作一夫种四亩，四十夫而百六十亩举矣。……借得四百银，便可起手。……土熟后又更番换种，亩收三十石论，则生熟两般田，岁入八九千石。一年计之不足，二年而蕃，三年而大。……而况三年以后，即可町原防与并衍野、牧隰皋并举。那却又四年

---

① 《区种十种》第154～155页。
② 《区种十种》第75页。
③ 《区种十种》第75页。

上不足，五年上著，六年上大，八年九年而殷殷隆隆，诸歉毕了。居然为子春子身脱去，不受封侯；居然文渊班财故旧，不作守钱虏矣。"他又说："抑溥寓此，非特为活字版而已。子蕃门前穊亚十顷田，自幼习于种植工作，今因溥说，已区种高地，其诸友亦有区种六七百区者。又其本家八十岁翁，工为田，问其说，乃区种千数百区。"又说："此间四月末（按此在1857年）所区三处，初挖区是用自己佃户数人连日闲时挖成。五月苗长后，耘耔亦不费工，苗甚茂美。五月末、闰月初，连旬霖雨，所区不在高峻陂陀上，行水不利，根下生虫。然犹有烟叶秆子煮水，可以杀也。其后几番大雨，山涧冲涨，并卢邃亭及其隔冲去。本家老翁二千余区全被水淹，淹即不实不粟矣。此间数十年无此山涨。故起手相度，只贪土肥，不虑被淹。原来他那山农之陆阜陵阿，皆是避水而取御水天然，又取垧垯气厚而粪和六寸，足为膏腴。若低坂壤土濡，又加粪和，则为噬肤灭鼻之腴，不成剂燥养刚之膏。是故土太肥则禾必生虫，况经连雨，又被淹者乎。"①

秦聚奎重刊《国脉民天》序中说："岁庚申（1860年）……邑有武生刘开甲者，素讲播谷之法，欣然领受而去。

---

① 陈溥：《论区田书》，四川省图书馆所藏稿本。

追六月亢旱，余亲至其里，特觇区田。仅据试种粟谷五分，历观邻亩谷苗，率皆当午茶然，此独穗长叶茂，欣欣向荣。询以种术，惟用雪水浸种四次，每区但用鸽粪一匊；聊以尝试，愧未如法。登场后欢然来告，得谷一石有奇。其余照常种谷五亩，竟不及半亩之获。"①

同治四年（1865年），李廷樟为《区田编》注所作序中说："适河南许君汝济奉宪檄来平治兵，遗予《区田注》一帙，简明易晓。且言在本籍初刻是书，人多疑为诞，既而有试种者，事易功倍，计一亩所收，以今市斗折之，实获十六石，自是仿行者日渐多。是年冬，同乡陈君荫庐官陕过平，告予曰：'前年道经河南，沿途见田中粟穗大如腕，累累长二尺余，心甚异之，问于农人，始知即区田法也。'予闻陈君言，益信许君言为不诬。"②

"同治八年（1869年），直隶广平府曲周县南乡监生袁华圃志清自试种区田九区，得谷十六筒九升；并嘱邻村试种。次年复试种三十区，得谷六斗，按亩计算，每亩应得十三石。同治九年（1870年），袁志清族兄袁永贞亦照区式试种区田九

---

① 《区种十种》第17~18页。
② 《区种十种》第62页。

分,方三百区,区得谷二升余,共得六石五斗。因谷穗太长,附土太浅,被风吹倒十分之三,故所收较少;不然,九分之地,能得九石。"①

光绪二十五年(1899年),冯绣在河南淇县试种,谷苗约高8尺,粗过食指,约三十七八穗可打1淇升,每亩可打淇斗(斗麦1淇斗重20斤)十三四石,斗谷能出米7升5合(平常顶好谷子只出7升米,此出米多5合者,以子大皮薄也)。以后继续试种,渐有人家仿效。光绪三十三年(1907年)得到卫辉府知府华火军的支持,推广到30多户。②但据张履鹏先生最近做实地调查后说,最高每亩收到十三四石是照小区推算的,实际每亩实收最多是7石,一般四五石(淇斗每斗200斤老秤),合计每亩收成在1000斤左右。③

又据张履鹏先生说④:"在河南地区,除了冯绣以外,还有很多以往与农村接近的知识分子重视此法。安阳、长垣等有些读书人,也曾写书和推行过它。1952年在安阳劳模会上,

---

① 见张起鹏重刊《区田编》。

② 见冯绣《区田试种实验图说》。

③ 张履鹏:《古代相传的作物区田栽培法》,《农业学报》8卷第1期,1957年2月。

④ 张履鹏:《古代相传的作物区田栽培法》,《农业学报》8卷第1期,1957年2月。

有人提出此法。安阳晁村和平农业社在当地用区田法种粟共1亩，……亩产636斤，其对照亩产500斤。……下茬小麦生长好，每亩小麦产量为250斤，一般地只收200斤。……1955年在河南农业劳模会上，又有济源城关明星社劳模刘士谦同志在会上提出当地张天祚家在70年前种区田达到丰产的经验（相传每亩收粟24石）。1956年他们在社内做粟区田丰产5亩，打算创造高产纪录，计划产量每亩3000斤以上。……结果每亩产量374斤，仅达到了当地中等的产量。这次种植为了追求高产，区大而密，留苗太多，以致植株生长不良，反而影响了产量。……1956年辉县井峪农业生产合作社也用区田法试种粟0.8亩。当地为山区旱地。……植株生长高大，一般在5尺左右。到后期发生倒伏，因此，穗不紧密，影响产量。结果每亩产量为536斤，是当地比较高的产量，但投资很大，成本不合算。"张先生又说："1956年我们在辉县曾试用区田办法种粟1亩，是夏播，前茬为小麦。……每亩平均产量为314.6斤，在该年雨水成灾的情况下，比一般耕作法产量为高。"

此外，中国科学院西北农业生物研究所近年正在西北，特别是陕北，以区田、甽田作为水土保持耕作法进行重点试验。这事留待下面第七节"区田法的现实意义"中再说。

综合以上事例，有下列几点值得注意：

（1）首先引人注意的是，推行或试种区田的事例竟有这许多。这些还只是见于文字记载的，文字失载的一定还有不少事例。后汉和金元甚至想强制推行。关于区田的图书也是层出不穷。而且直到最近还有人在倡议或试种。这不但反映区田丰产的吸引力很强，同时显示区田法必然有它的长处。

（2）其次，人们急想知道的是试种的效果。每亩产量究竟有多少？兹从上述事例中摘录列表一览如下：

表4　历来试种区田的每亩产量

试种人	年代	地点	每亩产量（附生长情况）	出处
刘仁之	6世纪初	河南洛阳	粟123.4石	齐民要术
耿荫楼之叔	17世纪初	河北灵寿	粟15石（叶大如芦，粒饱如黍，穗长二尺，把之盈围）	国脉民天
陆世仪	17世纪	江苏太仓	倍收	论区田
朱龙耀	1714	山西平定	粟30石	区田说
王心敬	1720，1721	陕西鄠县	5～6石	王心敬区田法
李维钧	1724	河北保定	粟16石	区田编陈汉章跋本
张姓	1742以前	甘肃兰州	粟36石	区田编
方鸣夏族人	1742以前	江苏江宁	稻（？）38石	区田编
齐倬	1776以前	陕西	粟8石	修齐直指注
詹文焕	1778以前	北京东郊	四五倍于常田	增订教稼书
农民	1772以前	山东聊城	20倍于常田	增订教稼书
农民	1772以前	山东聊城	区田架谷法80～90石	增订教稼书
潘曾沂	1829，1830	江苏苏州	丰收	区田法

续表

试种人	年 代	地 点	每亩产量（附生长情况）	出 处
叶味三	1830	江苏苏州	稻（？）10 石	多稼集
陈子勤	1857	河南许州	粟 16.2 石	区田十种
原峰冠、峰峻	1858	河南温县	粟 16 石	区田十种
陈溥等	1857 前后	四 川	水淹无收	论区田书
刘开甲	1860	河北博野	粟 2 石多	国脉民天秦聚奎序
许汝济等	1865 以前	河 南	粟 16 石	区田编李廷樟序
袁志清	1870	河北曲周	粟 13 石	区田编张起鹏重刊本
袁永贞	1870	河北曲周	粟 7.2 石（尚因穗长土浅，倒伏 3/10）	区田编张起鹏重刊本
冯绣	1899	河南淇县	粟 13～14 石	区田试种实验图说
张姓	1886	河南济源	粟 24 石	张履鹏先生文
和平农业社	1952	河南安阳	粟 636 斤（其对照地 500 斤）下茬小麦 250 斤（一般地 200 斤）	张履鹏先生文
明星农业社	1956	河南济源	粟 374 斤（区大而密，留苗太多）	张履鹏先生文
井峪农业社	1956	河南辉县	粟 536 斤（植株高大，后期发生倒伏）	张履鹏先生文
张履鹏	1956	河南辉县	粟 314.6 斤（雨水成灾）	张履鹏先生文

附注：每亩产量中有少数是折合的；例如刘仁之以70方步地生产粟36石，折合为1亩生产123.4石。

看上表，每亩产量的高下相差很多，最高的123.4石，次高的36～38石，13～16石可算是中数，较低的5～8石，最低的2石多。但是其中有一个问题，古今和各地的度量衡不同；上表所列，没有折合为同样的标准，因此不能单凭数字比较，至多只能据此看到一些大概。此外，有些产量是根据小面积产量推算的，可能偏高；有些可能由于试种的官吏或其雇工有意报喜而偏高；还有些是可能得自传闻而夸大了的。像后魏刘仁之在洛阳试种70方步地收获粟36石，折合1亩收获粟123.4石；后魏度量衡常在变动，比较混乱，我们现在还不能做精确的折算，但是后魏度量衡比汉朝大，折算为今日市亩市石，要比氾胜之所说的亩产百石还要多得多，是可以肯定的；氾胜之所说丰产目标已经是非常夸大了的，刘仁之试种得到更高的丰产，它的正确性很可疑。清代1亩收粟30石或36石，似乎也不可靠。1亩收粟十五六石，重2000斤以上，超过近年的最高丰产纪录，已经是很高额的丰产。但是另一方面，在这些试种成绩中，即使有些是夸大失实的，总的说来，可以看出区田确能获得丰产。张履鹏先生在实地调查后也说："但区田每亩收成为1000斤左右还是可靠的。"

（3）试种区田增产，原因并不简单，除区田布置方式可能发生作用外，还因为采用了一系列的比较合理周到的耕作技术，如精耕细作、充分施肥、及时灌水、彻底除草等。因此，丰产的原因，也有可能是因为采用了这一系列的耕作技术，而和区田的特殊布置关系极少，或者根本不相干。潘曾沂领导下的试种区田，如果有增产的话，我看就是由于采用了其他一系列的比较合理周到的耕作技术，而不是因为他的那种区田布置方式；我很怀疑他的那种区田布置有什么用处，很可能是有害无益的。而且他为了有可能掘成小方块的区，叫人不要种麦，一年只种一熟水稻，更有点削足适履的意味。

（4）区田的试种，也有并没有达到预期的增产目的，或者甚至完全失败的。失败的原因也不止一端。1956年河南济源明星农业社打算创造每亩3000斤以上的高产纪录，结果只达到了374斤的中等收成，原因是小区太大（3尺见方），留苗太多（每区900株，1亩共324000株），以致生长不良，虽经每区拔去幼苗400株，到成熟时每区平均只有110株抽穗结实。张履鹏先生在辉县的试验，则因当年雨水过多，由于区田深耕，土壤疏松，蓄水量大，耕后土壤下陷，加以排水不良，以致部分禾苗涝死，或因胡麻叶斑病严重，根系发育不良，生长很差。辉县井峪农业社在山区旱地试种，成绩较好，但后期发生倒伏，以致穗不坚密，影响生产。至于1857年陈溥等在四川低坂壤土试种，全被水淹，完全失败。这些事实，更加充分说明区田增产绝不是单靠区田布置方式，还要依靠一系列的耕作技术和自然环境。

（5）说到自然环境，又接触到另一个问题。上面所说山区旱地较好，平地曾被水淹，同时涉及地形和气候。区种法本是产生于干旱环境中的。播种在低畦和浅穴，就是为着保墒。而且分区的布置，也是为了旱区水少，只浇在区内而不漫田灌水，可以最经济地利用仅有的少量水源。小方穴的星罗棋布，则是为了可以用于不平的山坡。若在多雨环境中，尤其在低湿平地，情况就完全两样，这里重要的不是缺少水而是排水；在这里也机械地搬用播种在低畦或浅穴的办法，就未免倒行逆施，有害无益了。区田法既然适用于旱区，也就是本来应用于旱作物的。在《氾胜之书》中，种水稻就没有采用区种法。南方水稻地区的一些读书人，羡慕书本上所说的区田丰产，就想机械地搬用于稻田，实是错误的。像潘曾沂所主张的把稻直播在一块块的长二尺阔一尺半的小方穴内，有什么特殊好处呢？反而增加操作和灌水的困难，有害无益。说得透彻些，他这种经营方式，倒像盆景式的玩意儿，不像农作物的大田经营。此外还要附带说到一点：区田的负水浇稼，本是为旱区水少的情况设计的。但金人叫近河容易取得水的地方要种区田。《王祯农书》也说："古人区种之法，本为济旱，惟近家濒水为上。"后人也有强调靠近水源的。既然靠近水源，就可以灌水入甽或浅畦,何必担着水去浇一个个小方块呢?这未免是后人泥古而失掉古人原意的地方。

(6)区种可以增产,适于干旱地区,而且不断有人提倡,为什么没有在适于区种的干旱地区普遍采用呢?张履鹏先生在他的《古代相传的作物区田栽培法》里所说的,可以作为代表来答复这个问题:"冯绣并在当地知府华辉的赞助下推广这种方法,种植的有三十几户。冯绣亡故后,此法终未被继续采用,主要的原因是费工多,成本大。"

(7)综合以上所说,区田虽能增产,但是须有多种适当条件的配合。因此,盲目地试种,迂执着一二点,机械地硬搬是不行的。后汉及金元想用行政命令,不问情由地强行推行区田,自然也不会得到好结果。

六、后世区田法形式上的变更和误解

区田法有一定的布置形式,这是区田的重要特征之一。上文已对氾氏区田法的布置形式详细讨论过。但是后世所传区田形式,和氾氏所说不同。这一变更,就现存文献来说,最先见于元《王祯农书》。

《王祯农书》说:"按旧说,区田一亩,阔一十五步,每步五尺，计七十五尺，每一行占地一尺五寸，该分五十行；长一十六步，计八十尺，每行一尺五寸，该分五十三行；长阔相折，通二千六百五十区。空一行，种一行。于所种行内，隔一

第十图　《王祯农书》所说区田的布置图

此图面积为1亩，阔5尺，长80尺。每小方格1.5尺见方，但长度两端的空格是1.5尺×1.75尺。黑方格代表所种区。

区，种一区。除隔空外，可种六百六十二区。"书中附有区田图。但附图黑白相间，是二分种一；文中所说则系四分种一；附图是错的。梅文鼎的《区田图刊误》[①]就是指出这一点。而且王祯所说"除隔空外，可种六百六十二区"，这662区是按照2650区的1/4计算得来的，事实上只能划成675区或650区。若采用后一数，则这种布置如第十图。

王祯所指的旧说是什么？也许是金或元初的办法，最早也不能早于唐代，因为唐代才以5尺为步，6000方尺为亩。这个所谓旧说，和氾氏区田法完全是两回事。

王祯所说的区田，只是承袭了氾氏的小方穴区种法，但仍有四点不同：（1）氾氏所说有上农夫区、中农夫区、下农夫区的分别，区的大小和区间距离各不相同，而王氏所说已简化为一种。（2）氾氏所说是每区6或9寸见方，王氏所说则为每区1.5尺见方，而且元尺大于汉尺，所以每一个小方区的面积，比氾氏原样扩大了5倍至11倍以上。（3）王氏所说区与区之间的距离，在比例上比氾氏原样缩小了很多，因此氾氏的实际播种面积占1亩总面积的百分比是上农夫区15.42%，中农夫区9.63%，下农夫区5.30%，而王氏所说的则增加至

---

① 见梅文鼎《古算衍略》。

24.82%。（4）氾氏所说是按照汉朝亩法8640方尺为亩设计的，王氏所说是按照唐代以后亩法6000方尺为亩设计的。

氾氏在论述区田法时，先说带状区种法，后说小方穴区种法，而且带状区种法比较精密，土地的实际利用率也比小方穴区种法高得多（详见前第三节），似乎氾氏比较重视带状区种法，在较好的平地应当优先采用带状区种法。但是在王祯所说的区田里被抛弃了，因此也被后世一般论区田者遗忘了。

总起来说，王祯所说区田，完全抛弃了氾氏那样因地制宜的区田布置，而过分简单化了；几乎只是胶执着一部分的形式，而失去了不少氾氏原有的优点。这不能不说是一种退步。尤其遗憾的是，它竟多年来直到现在迷惑了许多人的眼睛，把它和氾氏区田法混为一谈，从而湮没了氾氏原有的精神。它使我们一谈到区田，就联想到棋盘式的小方块布置，因而产生均匀密集的印象。甚至我为《光明日报》写的一篇短文《氾胜之和他的著作〈氾胜之书〉》，也被编辑先生加入这样不正确的说法："区田法的基本原理，是将小面积的土地，划成均匀密集的区……"[①]我们现在必须澄清这一种误会。

为什么会产生这种误会呢？主要原因有两个：（1）氾氏

---

① 见1955年3月28日《光明日报》。

区田法的主要部分见于《齐民要术·种谷》篇，文字简略，其中还有几个错字，因此按数计算很困难，不免令人望而却步。即使有心研究的，也认为"这一套最禁不起复算"；"要是想在数字方面做考据，很可能只能得到徒劳无功的结果"。所以一直没有人仔细研究过，弄明白它的真相。（2）既然真相未明，人们就不加考证而张冠李戴地把《王祯农书》所说区田法当作氾氏区田法。

明清以来所说区田，几乎完全依据《王祯农书》，或者以此为基础而稍加修改补充。试看《区种十种》中的秦聚奎《区田一亩图》[①]，朱龙耀《区田图》[②]，帅念祖《区田编》内的区田图[③]，《加庶编》内的梅文鼎《订正区田图》[④]，以及各书文字中所说，都是根据王祯所说的区田布置。清末冯绣在河南试种的区田[⑤]，以及最近张履鹏先生所报道的近年河南试种的区田[⑥]，仍是按照王祯所说的布置（只有一处用区方三尺，区距

---

① 《区种十种》第19页。
② 《区种十种》第42页。
③ 《区种十种》第66页。
④ 《区种十种》第109页。
⑤ 冯绣《区田试种实验图说》。
⑥ 张履鹏：《古代相传的作物区田栽培法》，《农业学报》8卷第1期，1957年2月。

一尺，稍加变动）。耿荫楼《国脉民天》首先明白提出"除隔空外，每年只种二分五厘，歇地四年，周而复始（按歇地四年有语病，应当说种一年，歇三年）。……苗出，每一寸半留一株，每行十株，每区十行，留百株"[1]。这些只是对王祯所说给以补充，并没有修改区田的布置方式。只有潘曾沂的《区种法》改为在种的一行内，种二尺，空一尺[2]；但基本上仍是依照王祯所说的布置，仍是每行阔一尺五寸，隔一行种一行，只在种的一行内做了小变动。

这种棋盘式小方块的隔区种区的办法，确实在操作上造成很大的不方便。清初陆世仪首先提出"以代田之法，参区田之法。……凡未下种之初，先令民以犁治田甽。甽深一尺，广二尺，长终其亩。甽间为垄，垄广一尺，积甽中之土于垄上。一亩之地，阔十五步，步当六尺，十五步得九十尺，当为甽垄三十道。甽之首为横沟，以通灌输。夫甽垄分则牛犁用矣，横沟通则车戽便矣，甽广于垄则田无弃地矣"[3]。其后孙宅揆主张甽垄各宽1尺；1亩宽16步，可浚39甽；若嫌甽太长，水力

---

[1]　《区种十种》第9页。
[2]　《区种十种》第115页，又第123页有这种布置方式的《课农区种法图》。
[3]　《区种十种》第30页。

难到，或井居地腰，可截为两扇，以便分溉。①王心敬提出甽垯各宽1.5尺②。刘光蕡也主张："不如仿赵过代田之法，隔一行种一行，简捷数倍，且易灌溉。"③奚子明则主张种的行阔1.5尺，不种的行阔1尺，1亩阔16步，即75尺，分为60行，种30行，空30行，称作种田新法。④冯绣则提出并且实行了隔一畦种一畦，每畦宽1.8尺，称作变通区田法。但他所说的"隔一畦种一畦"，是指隔畦种不同的作物。例如一、三、五等单数畦种麦，麦收后种玉米带绿豆；二、四、六等双数畦则种谷子；到了下一年，则单数畦种谷子，双数畦种麦和玉米带绿豆两熟；如此隔畦轮栽，和别人所说的"种一行空一行"不同。畦与畦之间还留有塍（即小土埂），畦的两头还有水沟以便灌水。⑤这些修改或变通办法，不论它们之间有多少小差别，实际都是属于同一个修改方向的，把隔区种区的一个个独立小方块，改为直达田边的通甽或低畦，以便操作和灌水。

孙宅揆说："凡古法之传于今者，皆圣人教人之大略也。

---

① 《区种十种》第45~46页。

② 《区种十种》第57页。

③ 《区种十种》第80页。

④ 《区种十种》第141页。

⑤ 见冯绣《区田试种实验图说》。

能与者，规矩而已；而运用之妙，存乎其人。故善师古者，贵得古人之意，而不泥其法。但执其法，则虽丝毫不爽，有时不效；得乎其意，其用无穷。要在因时制宜，就当前之时地而权度其至理。其合于古者，因之；不合者，损益之，而后谓之善师焉。如后稷一亩三甽，伊尹广甽五寸，截为区田，是变后稷之法而深得后稷之意也。汉赵过以代田教民，民皆便之，是复后稷之法而深得伊尹之意也。"[1]这一番话可以说是为修改区田法做解释，似乎言之成理。但是孙氏并没有真正知道古人和古法；其中问题很多，这里不想详细讨论，单说他的所谓"伊尹广甽五寸，截为区田"一点。他的意思是说，把原来甽田法的甽广1尺放宽5寸，改为1.5尺宽，再把这1.5尺宽的长条，每隔1.5尺截成1.5尺见方的小区，这就是他心目中伊尹所做的区田。他并没有看一下伊尹做区田的说法出自《氾胜之书》，研究一下《氾胜之书》所说的区田究竟怎样，只是糊里糊涂地把王祯所说的区田布置方式错误地当作伊尹创造的。不但孙氏如此，所有上述修改区田法的人，在他们的心目中，都是把划成棋盘式的隔区种区的一个个小方块才当作区田，亦即王祯所说的区田，而长条的低畦，类似氾氏带状区种法的，就不能当作区田。

---

[1] 《区种十种》第53页。

宋葆淳《氾胜之遗书》后附录的凌霄所作的《区田图说》①，原意本是要用图来表示《氾胜之书》所说的区田布置。凌霄说："芝山先生（即宋葆淳）采《氾胜之遗书》及各家论说为书，教民耕种。以古人文义非山村农圃所尽省，属霄作图说，略取《遗书》大意以表明之，不必尽合也。"但是他的这个图非但不尽合理，实际完全是错的；他把氾氏的带状区种法和小方穴区种法的两种布置混而为一，以致《图说》中所说数字，没有一个符合《氾胜之书》原文。这固然是由于凌氏没有仔细研究，没有懂得《氾胜之书》所说，同时也受了《王祯农书》所说区田的影响，心目中早就有了区田必然是小方块的成见。因此也可以说，它仍是属于《王祯农书》所说区田的系统的。

陈溥在他的《论区田书》中说："《授时通考》所引《农桑通诀》《农政全书》，并未见氾氏原书，皆自《齐民要术》中引来，大有讹脱。此间觅借贾氏原书，不可得也，积穰一段，至今疑之。又其数目等字，全是误写。今画图五张，据长十八丈，阔四丈八尺一亩核算改正，方敢寄呈。六兄读时，亦

---

① 《区种十种》删去《氾胜之遗书》，但仍把凌霄《区田图说》收作附录，见该书第158~159页。

须留意算核。官修的书，总难靠尔。……又那画图上町与道各尺五寸，其言道以通人行下，必脱却以利水道四字。"①他曾经想依据《氾胜之书》布置区田，可算是一个例外，但他显然没有能搞清楚。从他所说"町与道各尺五寸"来看，可能仍然走上棋盘式小方块的途径。而且从他的信中所说区田六七百区、千数百区、二千余区来看，也像是小方块的区，否则不会不用亩计而用区计数。

高均在他的《区田辨》中说："若夫氾氏之说，其书久佚，所可考见，独在贾氏《齐民要术》一书。然其道町沟行之数，多难课算，町沟之制与区法，又离合难明，数多不应。"②从他所说"町沟之制与区法，又离合难明"一语来看，似乎也受了王祯所说区田布置的影响，倾向于把氾氏的带状区种法和小方穴区种法两种布置混为一谈。

总之，明清以来，直到最近，人们一谈到区田，就联想到棋盘式的小方块布置，以为不如此就不是区田。即使偶尔有人想根据《氾胜之书》研究区田布置，也没有解脱掉《王祯农书》所说区田布置方式的影响。

---

① 陈溥：《论区田书》，四川省图书馆所藏稿本。
② 高均：《区田辨》，《国学丛选》第二集，国学商总会编印，1913年。

其实，像上述那些所谓对区田法的修改，把小方块改为直接田边的畎或低畦，本是氾氏带状区种法一类的布置方式，仍应当包括在区田法之内。而且如果我们不固执着一种死板的布置形式，也不为名称所拘束，较多注意一些区田法的精神或主要特征，那么在现在农民实践中还实际使用着几种不同形式的区种法。

例如山东掖县的窝麦法[①]，用犁开沟，宽约6寸（区田法宽1尺，合今7市寸），沟距6~7寸（区田法沟距1尺，合今7市寸），种麦在沟内，每粒种子相隔四至五分距离（区田法株行距2寸，合今1.4市寸），加上充分施肥和多次浇水，每亩可收四五百斤到六七百斤以上。这方法实际上和氾氏的带状区种法很相像。又如山东劳模田曰香种谷子[②]，先用耧在耧脚上绑脚底开沟，沟距1尺6寸，沟宽3寸多，种谷在沟内，种后用锄摊平沟底，定苗时采用三角形定苗，株距2~3寸，加上施肥充足和及时地多次灌水，1952年每亩收1203斤，创造了这一年华东区的最高纪录。这方法也是和氾氏的带状区种法类似的。

---

① 详见中央农业部所写《我国农民的伟大创造——胶东"窝麦"栽培法》，见1952年9月7日《人民日报》。

② 详见华东农林部1953年编印的《广饶县田曰香农业生产合作社1952年谷子丰产经验（草稿）》。

又如张履鹏先生说:"至今在太行山区的济源一带旱区,抗旱点种粟和玉米等还采取与区田同样道理的种'窝谷'办法。这种办法流传很久,每到旱年就有应用的。即干旱时期为了便于担水而行的点播办法,每窝约直径一尺,每窝点种谷子十几株,玉米一到三株。为了保持一定株数,窝内留苗较密,集中施肥,因而有利于保墒,抗旱时期长,提高产量。1955年济源茶房乡农业合作社抗旱种'窝玉米'六亩,由于保墒好,集中施肥,每亩平均收到1106斤。当地'窝种谷子'产量也很高。"①

又承中国科学院西北农业生物研究所杜豁然先生函告:"关于掏钵耕作,在陕北绥德、米脂、子洲和横山一带,很广泛地应用。多以种瓜为主。横山县高镇、沙湾及马鞍山则有掏钵高粱,并行剃头技术,一般呼为剃头高粱。据1956年调查资料:马鞍山旗锋社韩继绪的掏钵高粱的耕作质量,于春间开冻后,择较平坦的墹地,掏深1.2~1.3尺,穴大1.3~1.4平方尺,穴距为3.5平方尺。生土掏置钵体,熟土填入穴中。每钵施羊粪7斤,土粪相和。于4月10日播种。每钵留苗2~3株。每亩

---

① 张履鹏:《古代相传的作物区田栽培法》,《农业学报》8卷第1期,1957年2月。

产量320斤。剃头处理过的掏钵高粱最高产量可达530斤/亩，一般耕作的高粱产量仅为100斤/亩。

"1957年4月4日，在绥德五里店测定宋志云的掏钵瓜田，位于无定河右岸的沙壤土地上。历年采用掏钵种西瓜，收获很大。每年于4月初，即清明前后，将瓜地耕犁耙平后，每隔70公分掏一钵，钵的长宽均为50公分（即1.5市尺），深亦50公分。将钵内土掏出30公分，置于钵的下方，筑成小圆堆。并将钵内土掏松，经曝晒干燥后，施基肥，随即浇水点瓜。地方通称为掏钵西瓜。这个方法施行很久，宋志云已六十余岁，自称祖辈用此法种瓜。

"一般山地掏钵种南瓜、高粱，均无一定质量，钵形亦不一定，类皆如鱼鳞坑的形状。"

这种窝谷法和掏钵法，显然是和氾氏的小方穴区种法类似的。

用这种看法再回看古代，像三国时邓艾的区种，晋敦文的区种菽麦，不过是仿效当时流传在民间的区种法。再结合左思《蜀都赋》所说的"瓜畴芋区"，贾思勰在他的《齐民要术》里所写的区种瓜法，以及宋人诗中蔡挺的"区种何妨试玉延"（南京种山药法），王安石的"区种抛来六七年"（和蔡前诗），黄庭坚的"春粪辰瓜满百区""茶约邻翁掘芋区""我将荷锄归,区芋畦甘蔗"等等,似乎透露着区种法流传在民间,而它的布置方式并无严格的一定规格。从《氾胜之书》的区种芋法,《齐民要术》的区种瓜法,后世不断有人提到区种芋和瓜,清初陆世仪也记载乡人的话说"吾乡有种芋者,其法近此"(先掘地为区,每区深阔各三尺许),直到今天陕北的掏钵种瓜仍是区种瓜法,显见得古人所谓区田,绝不是具有《王祯农书》所说的那样严格死板的棋盘式小方块布置的。

七、区田法的现实意义

前面说过,区田能够丰产,但是始终没有广泛实行,主要因为费工太多。

在我们今日,区田法是否还有考虑采用的价值呢?要讨论这个问题,首先需要分析区种所以能够获得丰产的关键在哪里,这些丰产关键是否还适合于目前情况。如果是适合的,那么实行这种关键性的技术措施,是否可以改变到简便容易做,或者费工不太多,而仍能保证丰产?

让我们先来分析区种所以能够获得丰产的因素及其主要关键。

我们已经在前面第三节里讨论过氾氏区种法所采用的导致丰产的一系列的耕作技术，包括深耕细作、充分施肥、把作物种在浅穴或低畦、某种规律性的等距、密植、全苗、及时而充分地供应水、彻底除草、壅土、春耙、轮栽等。其中最特别的是把作物种在浅穴或低畦，所以称作区种法，也就是由于这一特点。

把作物种在比地面稍低的浅穴或低畦的区种办法，它的基本目的在保墒，因为土壤较低处利于蓄水，凹入地面可以减低土中水分的蒸发量，同时也可以使浇水时水不外溢。这原是在干旱环境中产生出来的向旱做斗争的办法。现在这种干旱的自然环境依然存在而没有变，那么很显然，这种区种办法仍旧有它的现实价值。

在区种法中，和种在浅穴或低畦的办法结合在一起的还有深耕，把7寸到1尺或1尺以上深的土壤掘松；《氾胜之书》带状区种法掘深1尺（合今7市寸），区种瓠法和区种芋法都掘深3尺（合今2.1市尺），现在陕北掏钵法掘深1.2～1.5尺。把土壤掘松得比较深，不但增进土壤的效用，便于作物根系的生长，使能从较广的范围吸取养料和水分，同时也增加土壤的吸水力，并使雨水容易渗入土中，在雨大时避免或减少水在地面径流损失。这种和区种结合的深耕措施，在今日仍然是很有用的。

中国科学院西北农业生物研究所已对这一问题做了一些试验与测定。承杜豁然先生函告："陕北'区畎'耕作，经去年（1956年）在无定河考察时顺便布置，已在绥德吴家畔及米脂杜家石沟等农业社试种，经过很好，一般幼苗生长良好，和普通田对比显出特别茂密，社员们都说丰产是可以保证的。土壤水分测定的结果（1957年4月初），在50～70公分的土层里，'区畎'水分含量达到12%～16%（对干土百分比），普通麦田仅为7%～8%，初步证明'区畎'种植对雨季水分积存是具有优越的条件。深耕粪种对水土流失严重的地区是改变广种薄收面貌的一个有效途径。估计产量'区田''畎田'可达447.7斤/亩，普通田最高可达80斤。但在工作费工和成本高是需要克服的。"这里证明在西北干旱地区，正当春旱时节，区种法表现出显著的保墒能力。

在区田法中，和保墒有密切关系的是浇水。氾胜之非常强调这一点，一再说到"负水浇稼"和"天旱常溉之"。种在浅穴或低畦的布置，除保墒外，也是同时为了可以借此集中使用水，使干旱地区不易多得的水可以最经济地利用，而发挥它的最大效能。在干旱环境中，最能限制作物产量的莫如水；如果能够较好地解决水的问题，再配合着其他一般耕作上都要注意的技术措施,就可以获得比较稳定的高产量。这一原理,在今日仍是适用而且非常重要的。

说到这里,又接触到一个关于水的一向没有人注意的问题。所谓干旱地区,不等于说没有雨水,只是一年之中降雨量比较少,可是较少的年雨量又往往集中在短时间内降落,这就会造成严重的水土流失。特别重要的是,我国这样干旱地区有着大片黄土区域,在不少地方还结合着陡坡,加甚水土流失的严重性。干旱地区的水本是极宝贵的,流失了已经是农业生产上的致命损失;水流失时还要带走土,这就会冲毁良田,淤塞河道,黄河之所以会时常决口改道,不断造成严重的灾难,就是和上游的水土流失分不开的。所以设法防止水土流失,直接间接和农业增产有重大关系。区种法的浅穴或低畦,在地面造成鳞次栉比的凹凸面,使水停留而渗入土中;在陡坡水大时,至少可以一节节地截断径流,减低水的冲刷力。区种法对于水土保持显然是有效的,很值得今日考虑采用的。杜豁然先生在给我的信中说:"我们提倡'区田''甽田'的意义,是想寻求一个符合于黄土性质的一定质量的耕作法,不但能防止水土流失,而且能充分积蓄雨季降水,这样才能适应于陕北春旱、坡陡、水土流失严重的要求。"杜先生所说是完全正确的。

播种疏密的是否适当,也和区田布置有密切关系。氾氏的带状区种法是相当密植的;虽则隔一行种一行,但因行宽只有1尺(合7市寸),行间空地使禾苗在生长中可以充分利用斜照日光,而在植株成长时仍会封闭地面,这些7市寸宽的行间空地并没有浪费。小方穴区种法的区距较宽,特别是中、下农夫区的区距太宽了,即使在区内密植,对整个地面说来,还是稀疏或很稀的。播种太稀就不可能获得高额丰产。氾氏的小方穴区种法,用于坡地,中、下农夫区的那样稀的布置,可能是由于土地较差,受着不易耕作的限制;一般说来不应当这样稀。《王祯农书》所说区田布置,每区1.5尺见方,四分种一,种植谷子或麦等,即使区内密植,四周所留宽地太多,整个说来还是稀疏的。有人说,四分轮流种植,每区种一年歇三年,可以很好地休养地力,保证所种区的丰收。但是休闲制本是比较原始的耕作法,在能够充分而合理地施肥,配合着适当轮栽制度时,无须依靠休闲来提高地力。我们今日正在提倡增进复种指数,区田法中如果反把土地利用率降低到只有25%,显然是不符合今日的要求的。

此外,充分施肥和勤于中耕、锄草、壅土等,也是区田获得丰收的重要因素。但是这些措施,在一般耕作法中都很重要,不是区田法所特有的。

综合以上所说：区田法所特有的丰产基本关键，在于它的把作物种在浅穴或低畦以利蓄水保墒的办法；这种蓄水保墒能力，因区内土壤的深耕细作而加强；而且它的效能不仅限于各个区内的蓄水保墒，还有效于大范围的水土保持，因而直接间接帮助农业增产。在区田法中配合着采用的其他一系列的合理而周到的技术措施，虽则也是获得丰产的重要因素，但不是区田法所特有的。

以上已把区田所以能够丰产的基本关键弄明白，现在我们要转过方向来研究能否设法省工而仍能达到区种所特有的基本关键措施的要求。

让我们先检查一下区田法的费工情况，以及为什么这样费工。

《氾胜之书》说："上农夫区，……丁男长女治十亩，十亩收千石，岁食三十六石。"按《汉书·食货志》说，"食，人月一石半，五人终岁为粟九十石"，即是一人一年食粟十八石。汉一石约合今二市斗。①每人月食粟一石半，约合今三市斗，约重40市斤，出小米30市斤，等于每人每日食小米一斤，和事实相符。所以这里所说，"岁食三十六石"，显然是两个

---

① 折合率见前第三节附注。

人一年的食用量。由此联系到上文"丁男长女治十亩",也须理解为两个成年男女劳动力共种十亩区田。又按《汉书·食货志》引晁错的话说:"今农夫五口之家,其服役者不下二人,其能耕者不过百亩;百亩之收,不过百石。"五口之家是汉时每户人数的约略平均数。五口之中约有两个全劳动力,即所谓"其服役者不下二人",亦即《氾胜之书》所说"丁男长女"两个成年男女劳动力。晁错所说"百亩",是100方步为亩的亩,这是战国至汉初一夫或一户所耕的标准数,亦即两个全劳动力能种的亩数。汉武帝时才把全国土地一律改为240方步为亩,也就是《氾胜之书》所说的亩。因此100旧亩等于41.667新亩〔(100×100)/240=41.667〕。这就是说,两个成年男女劳动力,用普通耕作法可以种田41亩多,用区田法只能种田10亩;区田法每亩的劳动量四倍于普通耕作法。

又据冯绣《区田试种实验图说》中所载赁种区田预算支销清册,赁地30亩,雇工3名,帮工(学校斋夫,抽暇帮工)1名,发麦后工作多,还要随时酌量加工。另外冯绣自己家里种地18亩,雇工2名,成年的儿子亦令在家务农,又率十三岁两个幼童拔草帮工,加上冯绣自己,至少要算4个全劳动力以上;而且还不是18亩全种区田,其中至少有3亩采用普通耕作法,还有一部分采用变通区田法,似乎他的区田的每亩劳动量还不止4倍于普通耕作法。

汉10亩约等于今市亩7亩，《氾胜之书》所说"丁男长女治十亩"，等于平均每个劳动力能种区田3.5亩。清末冯绣所种的区田，平均每个全劳动力能种的亩数似乎也没有超过3.5亩，可能还少于此数。

帅念祖《区田编》宣传区田法的好处说："其法不论田之美恶，不计地之多寡，不须牛犁之本，不用佣工之费，但竭一家妇子之力，每区一尺五寸之地，可收谷七八升。大旱减收，亦得三四升。积算每亩六百五十区，可得谷五十余石，大旱减收，亦得谷二十余石。一亩所得，便可养活一家矣。田多有力之家，播种常谷之外，量种区田一二亩，设遇大旱，区田仍复有收，仍可免于饥窘。至贫难无地之民，水边弃地，山畔荒原，随处便可开做。一家五口，可种一亩，便已足食。家口多者，随数加增，少者两户三户合种一亩，或分区各种。男子借以力作，妇人童稚，可以分工。盖以人力尽地利，补天工，不论雨泽之有无，而群安耕播，不费天家补助而共庆丰宁，真御旱济时之良法也。"[①]这些话是针对从前封建社会中贫苦单干的农民情况说的；在今日看来，除保证丰收永远是农业生产上

---

① 《区种十种》第65页。

一个极其重要的课题外，大部分已经没有意义或关系很小。至于不用牛犁，单靠人力小农具耕种，必然多费人工，在今日不但不能算作优点，应当算作一个严重的缺点。

清初陆世仪已经批评区田法的缺点说："盖区田之法，必用锹镬垦掘，有牛犁不能用，其劳一。必担水浇灌，有车戽不能用，其劳二。且隔行种行，田去其半，于所种行内，隔区种区，则半之中又去其半，田且存四之一矣。以四之一之田而得粟欲数十倍于缦田，虽有良法，恐不及此。"[①]这些批评是针对明清以来所传棋盘式小方块的区田布置说的。除"四分种一"已在前面批判外，陆氏所说"有牛犁不能用""有车戽不能用"，正是这种区田法所以很费工的原因。

为什么不能用牛犁耕田，不能用水车灌水？就是因为这种棋盘式小方块布置中，种作物的区都是一个个离立的小方块。是否必须做小方块的布置，才能发挥区种所特有的蓄水保墒的作用呢？应当说：没有这种必要。

区种法的基本要求是区内土面比地平面低；至于区的方形（或圆形）或条形，以及条形的长短，没有多大关系，可以看工作的方便或难易而定。一般地说，方形不如条形，条形的

---

① 《区种十种》第29～30页。

土地利用率较高①，操作也比较方便。《氾胜之书》的带状区种法虽然也不用牛犁，也说"负水浇稼"，但是稍加改变就可以用牛犁耕田，用水沟灌水；例如前节所述陆世仪等对区田法的修改，改离立的方块为直达田边的长条，就是这样。一般平地或缓坡地（缓坡区可以改为梯阶式的平面），都宜采用这种长条形的区。但是也可能有些坡地或多石的土壤，不容易或不适宜开做长条的区，就不得不采用方形。

方形的大小和条形的宽窄，也是可以伸缩的；但是过大过宽则失掉或减低对于土中水分蒸发的阻碍作用，亦即失掉或减低区种法所特有的保墒效能；过小过窄则挖掘和维持比较困难，不容易保证凹入地面的适当深度，对保墒效能也会有影响。而且方形区及其区距的大小，条形区及其区距的宽窄，和整个田面的播种疏密有密切关系，因而要影响到每亩产量的多寡。

因此，区的形状、大小、长短、宽窄，以及区距的疏密，很难概论。应当根据具体情况，如作物种类、地面坡度、耕作难易等，通过试验比较，然后决定。不过这里显然可以说明一点，区的布置方式，并无一定而不可变的规格，不要迷信古人

---

① 参看前第三节内表2。

所定的某些细节上的形式和尺寸,尤其需要解脱《王祯农书》所说区田给明清以来人们对区田法的错误印象,打破那种死板而很不方便的棋盘式小方块布置的束缚,我们完全可以而且应当根据各地具体情况,根据需要与可能,从实地试验研究中探索最适当的布置方式。

《氾胜之书》的带状区种法,凿沟深宽各1尺(合今7市寸),不耕沟与沟之间一尺宽的空地。那时候的犁不可能耕到7市寸深,因此不能用牛犁来耕。不用犁而用人力挖掘,则很费工,也许是因为这个缘故,不耕沟与沟之间的空地。我们现在的新式犁已能设计耕深到7市寸,就有可能用骡马拉犁来耕了。犁耕省力,就不必单耕沟内而不耕旁地,可以全面通耕,然后做成低畦了。如果通耕后不容易开做和维持7市寸宽的低畦,因为耕松后做出的土埂会垮塌下来,不像没有耕松的土埂那样坚硬而不塌下,那么也可以只耕准备做低畦的土,而留着畦与畦之间的土埂不耕,或者再同时把低畦的宽度放宽些。像这样的耕作法,我相信农机专业的专家们也可以设计制造出拖拉机拖拉的机具来同时完成耕耙做低畦而不耕畦与畦之间土埂等几种操作。

长条的低畦做成了,灌水也就可以方便了。不论由高处用渠道引水灌溉,或从低处抽水上升,都可以利用田边水沟流入低畦，不必像一个个离立的小方区必须担水分浇了。

区种法中多有规定一定的作物株行距的。像《氾胜之书》的带状区种法中所规定的那样株行距，若用手点播，确实很费工。像后世区种法中所规定的每个1.5尺见方的区播种谷子10行，每行10株，用手点播也是很费工的，而且也很难做到均匀正确。但冯绣已经创制了播种谷子用的种子盘，张履鹏先生又改良成滚筒式的播种器[①]，来做这种均匀下种的工作，我想也不难设计制造出马拉或拖拉机拉的这一类的播种器。

施肥要把基肥集中施用并拌和在低畦里，也不难设计制造出适当的机具来完成这一操作。

以上说明区种法所特有的几种费工的操作都是可以利用适当布置和机具来减少人力的耗费的。至于中耕、除草、培土、收获等，和一般耕作法没有多大差别，更不用说了。

在不能或不宜做长条形的区而不得不做小方区的地方，那么基本上也就很少能采用其他耕作法，或者采用其他粗放的耕作法时会造成很大的损失，我们就不得不费工些采用这种区种法。但是即使这样，也不是没有设法采用适当布置和机具来减少劳力、降低工本的余地的。

---

① 张履鹏：《古代相传的作物区田栽培法》，《农业学报》8卷第1期，1957年。

怎样改进的细节，应当根据各地具体情况来设计和试验。以上只是想说明我们有设法省工完成区种法所要求的基本操作的可能，因而说明区种法在今日仍有它的现实价值。

最后我还要引用杜豁然先生在给我的信中所说的关于在陕北试验区种法的计划，来说明我的这些看法不只是我个人所独有的。杜先生说："区甽耕作在第一段的试验中想答复'高额而稳定的产量获得'；第二步，再从获得高产的因素方面进行研究；第三步，再研究区甽耕作的质量及适应于山地耕作的机具问题。"

八、附记区田文献

关于区田法的图书，颇有一些，清赵梦龄曾辑编为《区种五种》，近年王毓瑚教授又增编为《区种十种》。在此十种外，还有一些。我在写作这篇论文时，曾尽力搜求。现在简略地介绍于下，以供参考。

1. 《氾胜之书》 汉氾胜之撰（前1世纪后期）。原书久佚。关于区田部分，主要见《齐民要术》引。19世纪出了3种辑佚本，都不好。1956年石声汉教授写了一本《氾胜之书今释》（科学出版社出版，32开本，69页，定价0.36元），我也写了一本《氾胜之书辑释》（中华书局出版，32开本，172页，定价0.65元），二者对于区田部分的注释大不相同。

2. **《王祯农书》** 元王祯撰（1313年）。其中所说区田形式，是明清以来所传区田的出处，因此这也是我国区田史上的重要文献。

3. **《区种五种》** 清赵梦龄辑。包括（1）《氾胜之遗书》，（2）《教稼书》，（3）《区田编》，（4）《加庶编》，（5）《丰豫庄本书》。赵自序说："是书之辑，始于嘉庆初年，惟时潘相国哲嗣尚未有再试再验之也。先后留心四十年，得如干种。"末署道光壬寅。盖编成于道光二十二年（1842年）；但是没有刊印。直到光绪四年（1878年）才由他的学生范梁刊印，又加上《国脉民天》一种作为附录。这就是莲花池刊本。另有1919年浙江农校石印本。此外道光二十九年（1849年）孙鼎臣的《区田五种集序》（见《苍莨初集》）说："余得之邵位西比部，心以为善，欲遂锓版布之。"但是从来没有人看到这种刊本，大约是想刊版而没有做成。

4. **《区种十种》** 王毓瑚教授辑，1955年中华书局出版。包括（1）《国脉民天》，（2）《论区田》，（3）《教稼书》，（4）《区田法》，（5）《区田编》，（6）《修齐直指》（节录），（7）《增订教稼书》，（8）《加庶编》，（9）《区种法》，（10）《多稼集》。这是在《区种五种》的基础上，删去《氾胜之遗书》一书，增加（2）（4）（6）（7）（10）等五种，依撰述时代前后编排而成的。对于赵辑原有的几种，也略有整理，并将其中《丰豫庄本书》改称《区种法》。此外还对所收每一种书的作者身世、重印所据版本以及其他有关事项，写一简单说明，分别附在每种的前面。这些都是这一辑本的优点。

以下将对上述辑本中所收各书分别介绍。

5. **《国脉民天》** 明耿荫楼（？—1638年）撰。原刊本未见。道光十四年（1834年）潘曾沂曾把它刻入《丰豫庄本书》中，题名《种田说》，但不全。同治元年（1862年）秦聚奎重刊，并绘附《区田一亩图》。光绪四年（1878年）范梁收辑为《区种五种》的附录。《区种十种》据范刻重印。这书本文分区田、亲田、养种、晒种、蓄粪、治旱、备荒七则。耿氏曾在山东试验，书中所说有很多宝贵经验。

6. **《论区田》** 明末清初陆世仪（1611—1672年）撰。明亡后，家居讲学，是一个很有名的理学家。他的著作《思辨录》，卷帙繁重，康熙四十八年（1709年）张伯行删编为《思辨录辑要》三十五卷，分十四门。其中第十一卷谈论区田，原是《修齐类》（十四门类之一）的一部分，没有特别标题；

《皇朝经世文编》把它收入，题名为《论区田》，《区种十种》从之。陆是江苏太仓人，从水稻田的角度来论区田。书中颇有对于农事的切实记述，也往往提出他自己的意见；但他究竟是一个讲学先生，有些意见只是理想而不合实际的。

7.《教稼书》 清孙宅揆撰（1721年）。朱龙耀于康熙五十三年（1714年）在山西平定试种有效，编刊《区田说》。孙氏得之，增广为《教稼书》，所增有甽亩说、粪种法、制粪法、蒸粪法、造粪法、制宜说诸条。他以为后稷作甽田，"伊尹区田盖截甽亩为之，以便负水浇灌尔"这种说法是错的。他所说的积肥方法很有价值。

8.《区田法》 清王心敬（1656—1738年）撰（王毓瑚教授认为似作于1732年）。这篇是从他的《丰川续集》抽出编入《区种十种》的。篇幅很短，但他曾试种，并主张以通甽代替小方区。

9.《区田编》 清帅念祖撰（1742年），许汝济注，刊印于河南，时期大概在咸同之间1862年前后。其后同治四年（1865年）李廷樟重刊于山西，五年（1866年）郝联薇重刊于涿州（《区种十种》即是根据郝刊本），九年（1870年）张起鹏重刊于河北曲周。又有浙江象山陈汉章跋的刻本，没有刊版年月，内容比张起鹏刊本有增减，可能早于张本。此外还有1914年安徽天长张百城重刊本（1918年同文书馆又将张百城的《冈田须知》，后附《区田编》，排版重印）；内有陈汉章跋，但本文较上述陈跋本有增改，又不是张百城增改，他说得此编于山东，似乎它的祖本又是另一种刊本。显然，这一小册子曾经辗转重刊，但是这些重刊本已极罕见。李刊本已经没有原作者姓名，郝刊本错误地说逐条详注是李君做的，其他重刊本则连原作者和注者的姓名全都没有了。再说这书的注是不是许汝济做的，可能也有问题，它的唯一根据是李廷樟序，但是序中只说"适河南许君汝济奉宪檄来平治兵，遗予《区田注》一帙，简明易晓。且言在本籍初刻是书，人多疑为诞"。没有明白指出这些注就是许汝济自己做的。这书有图有说，它的主文十二段（上述后三种刊本都标明第一段开做区田至第十二段乘时说）确是简明易晓，此外还附载了一些宝贵经验（如冬月种谷法）和试种有效的事例。因此，这些《区田编》加注的单行小册子，虽然很少受到读书人或藏书家的注意，但是它在当时所起的鼓动作用，可能远大于有名于书林的《区种五种》。

10. **《修齐直指》** 清杨屾（1699—1794年）撰，其弟子齐倬注（1776年），刘光蕡评。杨氏原文很简，注颇详。关于区田的资料很少。

11. **《增订教稼书》** 清盛百二撰（1778年）。系就孙宅撰的《教稼书》增订成书，分上下二卷，上卷即"孙书"，下卷即增订部分。《区种十种》把上卷仍称为《教稼书》，下卷分出称作《增订教稼书》。增订部分和区田法本身没有多大关系，唯其中架谷法很特别。

12. 《加庶编》 清拙政老人撰，没有序跋，不知作于何年。王毓瑚先生说：作者的"真实姓名为许嘉猷"。按许嘉猷是乾隆己酉（1789年）举人，嘉庆己巳（1809年）在沛县知县任内浚沛境运河，他的晚年当在嘉庆末道光初。书中所引古书，明冯应京《皇明经世实用编》及清初梅文鼎《古算衍略》，都早于许氏，这是合理的。但书中按语都冠以"天桥曰"，许嘉猷字儒珍，号顺庵，不号天桥。不知王先生所说的根据是什么。兹因匆匆草写付印，来不及函问王先生，姑且写下待考。

13. 《区种法》 清潘曾沂（1792—1852年）撰（1829年），编印在他的《丰豫庄本书》中。它的主要部分是潘丰豫庄课农区种法直讲三十二条，包括区制、播种、耕耘、粪治等法；此外还有区种法图，并附有关呈文和苏州府知府文告。他先试种示范，然后号召他的佃户用区田直播法种水稻，一年一熟，不种春花（小麦）。

14. 《多稼集》 清奚诚（字子明）撰（1847年）。未见刻本。《区种十种》根据北京图书馆所藏抄本重印。但此本内容和中国农业遗产研究室所藏旧抄本不同，删削很多，书名也是改过的。我室所藏本的书名是《耕心农话》，卷首道光丁未（1847年）嵇文炜序及己酉（1849年）吕承贤序中都明白指出这书名。但北京图书馆抄本中没有吕序，嵇序虽存而删改过，序中所说书名《耕心农话》已改作《多稼集》。又我室所藏本有咸丰壬子（1852年）奚诚自序，北京图书馆抄本亦没有。从他的自序及吕序，可以看出他本是医生，但留心农事。看来他很喜欢动脑筋，想办法，求解释。但是他的所谓"农政发明"，只是他个人的推想，完全不符事实。他说："尧舜时，洪水为患，稷为农师，就其湮没之田，创行水种。……成汤久旱，伊尹耕莘，始作区田。……嗣后即以公田区种，私田水种。其井田之制，实兼用此二法也。"[①]像他这样根据近世江南水田的情况，来推测上古中原的耕作制度，怎能不走错路。

以下再介绍几种《区种十种》所收的十种以外的区田图书。

15.《区种足食约言》　清守拙居士编，严州洪自含捐刊分劝（1855年）。此书也像《区田编》那样分为十二则，另附粪壤说。但此书的十二则和《区田编》的十二段只有半数相

---

① 《区种十种》第147页。

同，其余采自别的书，次序也不一样。每则字数比《区田编》多。作者姓名待考，他也是主张不种麦，只种一熟水稻。

16. **《论区田书》** 清陈溥撰，稿本，完全是他写给他的朋友"六兄"的书信。没有记明写作年月。但书中有壬子、癸丑、甲寅、乙卯等纪年。按书中提及《授时通考》和帅念祖的《区田编》，则此书必然写在乾隆七年（1742年）以后。书中所说长工每年工资六千文，粟价每石一千五百文，不用银圆计数而用银两，则显然还在清末以前。如此则乙卯只能是乾隆六十年（1795年）或咸丰五年（1855年）。又书中说到五月末闰月初，咸丰七年（1857年）丁巳刚巧有闰五月，而乾隆六十年前后各五年中没有闰五月，因此可以肯定这些信是写在1857年前后。根据这些书信来看，陈溥对《诗经》和地理颇有研究；他在壬子年前后，可能是由于经商失利或其他原因，栽了跟斗，因此想别寻生路，借银四百两，到井研（在四川）山地去，雇工四十人种区田，期望在三五年至八九年变为富裕。

17. **《区田法》** 清邓琛编刊（1877年）。邓做山西蒲县县令的第十六年，大旱，遂刊此书。此书摘录《农桑辑要》、孙宅揆《区田说》（即上述《教稼书》）、陆世仪《论区田》的一部分及潘曾沂《区田法》的全文汇编而成的。前面还有一篇道光癸巳（1833年）陆我嵩为刊印潘氏《区田法》所作的序，题作原序。

18. **《区田图说》** 清杨葆彝编刊（1884年），收编在他编印的《大亨山馆丛书》中。杨氏说："区田图说附录各书者，详略互见；今约举数则，其法已具，足以备荒。……余刊是编，简而易行，冀有心人广为劝导。"此书很简短，全是摘抄各书而成的。

19. **《区田试种实验图说》** 清冯绣（1860—1909年）撰（1908年）。绣字修文，河南淇县（现并入汤阴）人，贡生，在乡教书，但很留心农事。1899年开始试种区田，收成很好，因而引起卫辉府知府华辉的注意，敬为上宾，并鼓励他写成此书。1908年排印初版。1910年河南劝业公所石印再版。前有华辉序。书分论开田、积粪、种子、土宜、乘时、留秧、培壅、浇灌、去草、杂植、工本利息、历年情形等十二章；后附因时治事说、预防害虫说、预防霉病（指植物病害）传染说、杂记数则、赁种区田预算支销清册等五节；最后附区田图、种子盘式、变通区田种谷子图、变通区田种高粱图、变通区田种靛图等五幅。所说区田法很切实仔细，而且创造播种用的种子盘和变通区田法。其中因时治事说一大节（约5000字，几占全书字数之半），按照节气次序，详叙各时节应做的工作和应注意的事项，不但说明农业技术，并且讨论经营管理的得失。末尾还附载赁种区田预算支销清册。他完全从他的多年亲身试种的经验来著书立说，和别人单靠辑集、汇编成书，或略有心得而大部分出于推论或理想的不同。

20. **《区田辨》** 高均撰，见《国学丛选》第二集（1913年）。此篇是根据《区种五种》中各人所说区田，比较它们的异同和得失。他对潘曾沂的区田法很有批评，一再指责其错误。他说："氾氏之说，其书久佚，所可考见，独在贾氏《齐民要术》一书。然其道町沟行之数，多难课算，町沟之制与区法，又离合难明，数多不应。"又说："凌氏以意为图，数亦不应，其说难信。"他的论辩，有些相当深入，也有些是说错的。

21. **《古代相传的作物区田栽培法》** 张履鹏撰（1957年），见《农业学报》8卷1期。这是一篇在河南实地调查、了解和试种的报道，并提出作者自己的意见。张先生的调查重点，就是清末冯绣试种区田的情况。当年亲身参加冯氏种植区田的雇工有些人还健在，张先生特地去访问了其中冯阳之、冯云常等老人，并且看到了当年播种用的特制木盘。现在北农大和我室的冯绣《区田试种实验图说》抄本，也是直接间接从张先生所藏1910年重印石印本抄来的。张先生在这篇报道中还介绍了近几年有些农业合作社的试种，及他自己于1956年在辉县试种的情况。

除上述区田文献外，谅来还有我没有看到的。此外《农政全书》《沈氏农书》等农书中也有关于区田的资料，有些文集中还有关于区田的序跋，有些笔记中还有关于区田的记载，但是很少值得特别介绍。江苏在抗日战争前曾经试种区田，印有曾济宽写的《足食教战与提倡区田栽培》的油印本，但是其中多胡说，不值得介绍。浙江在抗日战争时也曾推行区田、甽田，听说也有印刷品，我曾托人访求，至今没有看到。

1957年11月8日脱稿

兹来北京，于中国农业科学院遇见山西农业厅武藻厅长，承告近年山西临汾永济等县所种低畦（长5尺许，宽2尺多，深4~5寸，因为水源少，所以畦比较短）水浇地，每亩产小麦1000斤左右。这种种法，也就是区种法的一种。这是区种水浇能在一般低产的干旱地区获得高额丰产的又一实例，足证此法在黄土区域有考虑广泛推行的价值。

11月10日附记

（原载《农业遗产研究集刊》，第一册，中华书局，1958年4月）

国家新闻出版广电总局
首届向全国推荐中华优秀传统文化普及图书

大家小书书目

国学救亡讲演录	章太炎 著 蒙木 编
门外文谈	鲁迅 著
经典常谈	朱自清 著
语言与文化	罗常培 著
习坎庸言校正	罗庸 著 杜志勇 校注
鸭池十讲（增订本）	罗庸 著 杜志勇 编订
古代汉语常识	王力 著
国学概论新编	谭正璧 编著
文言尺牍入门	谭正璧 著
日用交谊尺牍	谭正璧 著
敦煌学概论	姜亮夫 著
训诂简论	陆宗达 著
金石丛话	施蛰存 著
常识	周有光 著 叶芳 编
文言津逮	张中行 著
经学常谈	屈守元 著
国学讲演录	程应镠 著
英语学习	李赋宁 著
中国字典史略	刘叶秋 著
语文修养	刘叶秋 著
笔祸史谈丛	黄裳 著
古典目录学浅说	来新夏 著
闲谈写对联	白化文 著
汉字知识	郭锡良 著
怎样使用标点符号（增订本）	苏培成 著
汉字构型学讲座	王宁 著

诗境浅说	俞陛云 著	
唐五代词境浅说	俞陛云 著	
北宋词境浅说	俞陛云 著	
南宋词境浅说	俞陛云 著	
人间词话新注	王国维 著	滕咸惠 校注
苏辛词说	顾 随 著	陈 均 校
诗论	朱光潜 著	
唐五代两宋词史稿	郑振铎 著	
唐诗杂论	闻一多 著	
诗词格律概要	王 力 著	
唐宋词欣赏	夏承焘 著	
槐屋古诗说	俞平伯 著	
词学十讲	龙榆生 著	
词曲概论	龙榆生 著	
唐宋词格律	龙榆生 著	
楚辞讲录	姜亮夫 著	
读词偶记	詹安泰 著	
中国古典诗歌讲稿	浦江清 著	
	浦汉明 彭书麟 整理	
唐人绝句启蒙	李霁野 著	
唐宋词启蒙	李霁野 著	
唐诗研究	胡云翼 著	
风诗心赏	萧涤非 著	萧光乾 萧海川 编
人民诗人杜甫	萧涤非 著	萧光乾 萧海川 编
唐宋词概说	吴世昌 著	
宋词赏析	沈祖棻 著	
唐人七绝诗浅释	沈祖棻 著	
道教徒的诗人李白及其痛苦	李长之 著	
英美现代诗谈	王佐良 著	董伯韬 编
闲坐说诗经	金性尧 著	
陶渊明批评	萧望卿 著	

古典诗文述略	吴小如	著
诗的魅力		
——郑敏谈外国诗歌	郑　敏	著
新诗与传统	郑　敏	著
一诗一世界	邵燕祥	著
舒芜说诗	舒　芜	著
名篇词例选说	叶嘉莹	著
汉魏六朝诗简说	王运熙 著　董伯韬 编	
唐诗纵横谈	周勋初	著
楚辞讲座	汤炳正	著
	汤序波　汤文瑞	整理
好诗不厌百回读	袁行霈	著
山水有清音		
——古代山水田园诗鉴要	葛晓音	著
红楼梦考证	胡　适	著
《水浒传》考证	胡　适	著
《水浒传》与中国社会	萨孟武	著
《西游记》与中国古代政治	萨孟武	著
《红楼梦》与中国旧家庭	萨孟武	著
《金瓶梅》人物	孟　超 著　张光宇 绘	
水泊梁山英雄谱	孟　超 著　张光宇 绘	
水浒五论	聂绀弩	著
《三国演义》试论	董每戡	著
《红楼梦》的艺术生命	吴组缃 著　刘勇强 编	
《红楼梦》探源	吴世昌	著
《西游记》漫话	林　庚	著
史诗《红楼梦》	何其芳	著
	王叔晖 图　蒙　木 编	
细说红楼	周绍良	著
红楼小讲	周汝昌 著　周伦玲 整理	

曹雪芹的故事	周汝昌 著	周伦玲 整理
古典小说漫稿	吴小如 著	
三生石上旧精魂		
——中国古代小说与宗教	白化文 著	
《金瓶梅》十二讲	宁宗一 著	
中国古典小说十五讲	宁宗一 著	
古体小说论要	程毅中 著	
近体小说论要	程毅中 著	
《聊斋志异》面面观	马振方 著	
《儒林外史》简说	何满子 著	
我的杂学	周作人 著	张丽华 编
写作常谈	叶圣陶 著	
中国骈文概论	瞿兑之 著	
谈修养	朱光潜 著	
给青年的十二封信	朱光潜 著	
论雅俗共赏	朱自清 著	
文学概论讲义	老舍 著	
中国文学史导论	罗庸 著	杜志勇 辑校
给少男少女	李霁野 著	
古典文学略述	王季思 著	王兆凯 编
古典戏曲略说	王季思 著	王兆凯 编
鲁迅批判	李长之 著	
唐代进士行卷与文学	程千帆 著	
说八股	启功 张中行 金克木 著	
译余偶拾	杨宪益 著	
文学漫识	杨宪益 著	
三国谈心录	金性尧 著	
夜阑话韩柳	金性尧 著	
漫谈西方文学	李赋宁 著	
历代笔记概述	刘叶秋 著	

周作人概观	舒芜 著	
古代文学入门	王运熙 著	董伯韬 编
有琴一张	资中筠 著	
中国文化与世界文化	乐黛云 著	
新文学小讲	严家炎 著	
回归，还是出发	高尔泰 著	
文学的阅读	洪子诚 著	
中国文学1949—1989	洪子诚 著	
鲁迅作品细读	钱理群 著	
中国戏曲	么书仪 著	
元曲十题	么书仪 著	
唐宋八大家		
——古代散文的典范	葛晓音 选译	
辛亥革命亲历记	吴玉章 著	
中国历史讲话	熊十力 著	
中国史学入门	顾颉刚 著	何启君 整理
秦汉的方士与儒生	顾颉刚 著	
三国史话	吕思勉 著	
史学要论	李大钊 著	
中国近代史	蒋廷黻 著	
民族与古代中国史	傅斯年 著	
五谷史话	万国鼎 著	徐定懿 编
民族文话	郑振铎 著	
史料与史学	翦伯赞 著	
秦汉史九讲	翦伯赞 著	
唐代社会概略	黄现璠 著	
清史简述	郑天挺 著	
两汉社会生活概述	谢国桢 著	
中国文化与中国的兵	雷海宗 著	
元史讲座	韩儒林 著	

魏晋南北朝史稿	贺昌群	著
汉唐精神	贺昌群	著
海上丝路与文化交流	常任侠	著
中国史纲	张荫麟	著
两宋史纲	张荫麟	著
北宋政治改革家王安石	邓广铭	著
从紫禁城到故宫 ——营建、艺术、史事	单士元	著
春秋史	童书业	著
明史简述	吴晗	著
朱元璋传	吴晗	著
明朝开国史	吴晗	著
旧史新谈	吴晗 著 习之 编	
史学遗产六讲	白寿彝	著
先秦思想讲话	杨向奎	著
司马迁之人格与风格	李长之	著
历史人物	郭沫若	著
屈原研究（增订本）	郭沫若	著
考古寻根记	苏秉琦	著
舆地勾稽六十年	谭其骧	著
魏晋南北朝隋唐史	唐长孺	著
秦汉史略	何兹全	著
魏晋南北朝史略	何兹全	著
司马迁	季镇淮	著
唐王朝的崛起与兴盛	汪篯	著
南北朝史话	程应镠	著
二千年间	胡绳	著
论三国人物	方诗铭	著
辽代史话	陈述	著
考古发现与中西文化交流	宿白	著
清史三百年	戴逸	著

清史寻踪	戴　逸　著
走出中国近代史	章开沅　著
中国古代政治文明讲略	张传玺　著
艺术、神话与祭祀	张光直　著
	刘　静　乌鲁木加甫　译
中国古代衣食住行	许嘉璐　著
辽夏金元小史	邱树森　著
中国古代史学十讲	瞿林东　著
历代官制概述	瞿宣颖　著
宾虹论画	黄宾虹　著
中国绘画史	陈师曾　著
和青年朋友谈书法	沈尹默　著
中国画法研究	吕凤子　著
桥梁史话	茅以升　著
中国戏剧史讲座	周贻白　著
中国戏剧简史	董每戡　著
西洋戏剧简史	董每戡　著
俞平伯说昆曲	俞平伯　著　陈　均　编
新建筑与流派	童　寯　著
论园	童　寯　著
拙匠随笔	梁思成　著　林　洙　编
中国建筑艺术	梁思成　著　林　洙　编
沈从文讲文物	沈从文　著　王　风　编
中国画的艺术	徐悲鸿　著　马小起　编
中国绘画史纲	傅抱石　著
龙坡谈艺	台静农　著
中国舞蹈史话	常任侠　著
中国美术史谈	常任侠　著
说书与戏曲	金受申　著
世界美术名作二十讲	傅　雷　著

中国画论体系及其批评	李长之 著	
金石书画漫谈	启 功 著	赵仁珪 编
吞山怀谷		
——中国山水园林艺术	汪菊渊 著	
故宫探微	朱家溍 著	
中国古代音乐与舞蹈	阴法鲁 著	刘玉才 编
梓翁说园	陈从周 著	
旧戏新谈	黄 裳 著	
民间年画十讲	王树村 著	姜彦文 编
民间美术与民俗	王树村 著	姜彦文 编
长城史话	罗哲文 著	
天工人巧		
——中国古园林六讲	罗哲文 著	
现代建筑奠基人	罗小未 著	
世界桥梁趣谈	唐寰澄 著	
如何欣赏一座桥	唐寰澄 著	
桥梁的故事	唐寰澄 著	
园林的意境	周维权 著	
万方安和		
——皇家园林的故事	周维权 著	
乡土漫谈	陈志华 著	
现代建筑的故事	吴焕加 著	
中国古代建筑概说	傅熹年 著	
简易哲学纲要	蔡元培 著	
大学教育	蔡元培 著	
	北大元培学院 编	
老子、孔子、墨子及其学派	梁启超 著	
春秋战国思想史话	嵇文甫 著	
晚明思想史论	嵇文甫 著	
新人生论	冯友兰 著	

中国哲学与未来世界哲学	冯友兰 著	
谈美	朱光潜 著	
谈美书简	朱光潜 著	
中国古代心理学思想	潘菽 著	
新人生观	罗家伦 著	
佛教基本知识	周叔迦 著	
儒学述要	罗庸 著	杜志勇 辑校
老子其人其书及其学派	詹剑峰 著	
周易简要	李镜池 著	李铭建 编
希腊漫话	罗念生 著	
佛教常识答问	赵朴初 著	
维也纳学派哲学	洪谦 著	
大一统与儒家思想	杨向奎 著	
孔子的故事	李长之 著	
西洋哲学史	李长之 著	
哲学讲话	艾思奇 著	
中国文化六讲	何兹全 著	
墨子与墨家	任继愈 著	
中华慧命续千年	萧萐父 著	
儒学十讲	汤一介 著	
汉化佛教与佛寺	白化文 著	
传统文化六讲	金开诚 著	金舒年 徐令缘 编
美是自由的象征	高尔泰 著	
艺术的觉醒	高尔泰 著	
中华文化片论	冯天瑜 著	
儒者的智慧	郭齐勇 著	
中国政治思想史	吕思勉 著	
市政制度	张慰慈 著	
政治学大纲	张慰慈 著	
民俗与迷信	江绍原 著	陈泳超 整理

政治的学问	钱端升 著	钱元强 编
从古典经济学派到马克思	陈岱孙 著	
乡土中国	费孝通 著	
社会调查自白	费孝通 著	
怎样做好律师	张思之 著	孙国栋 编
中西之交	陈乐民 著	
律师与法治	江 平 著	孙国栋 编
中华法文化史镜鉴	张晋藩 著	
新闻艺术（增订本）	徐铸成 著	
经济学常识	吴敬琏 著	马国川 编
中国化学史稿	张子高 编著	
中国机械工程发明史	刘仙洲 著	
天道与人文	竺可桢 著	施爱东 编
中国医学史略	范行准 著	
优选法与统筹法平话	华罗庚 著	
数学知识竞赛五讲	华罗庚 著	
中国历史上的科学发明（插图本）	钱伟长 著	

出版说明

"大家小书"多是一代大家的经典著作,在还属于手抄的著述年代里,每个字都是经过作者精琢细磨之后所拣选的。为尊重作者写作习惯和遣词风格、尊重语言文字自身发展流变的规律,为读者提供一个可靠的版本,"大家小书"对于已经经典化的作品不进行现代汉语的规范化处理。

提请读者特别注意。

北京出版社